아이에게 행복을 주는 비결 2
More Secrets of
    Happy Children

MORE SECRETS OF HAPPY CHILDREN
by STEVE BIDDULPH and Paul Stanish

Text copyright © STEVE and SHAARON BIDDULPH 1994, 1998
Illustration Copyright © Paul Stanish 1994, 1998
First published by HarperCollins Publishers, Australia in 1994 revised 1998.
All Rights Reserved.

Korean Translation Copyright © 1999 by BOOKHOUSE Publishing Co., Ltd.

This Korean edition was published by arrangement with
HarperCollins Publishers Pty. Ltd. through TCM-Inter Australia Co.

이 책의 한국어판 저작권은 인터오스트레일리아를 통해
HarperCollins Publishers Pty. Ltd.사와 독점 계약한 (주)북하우스에 있습니다.
저작권법에 의해한국 내에서 보호를 받는 저작물이므로
무단전재와 무단복제를 금합니다.

More Secrets of Happy Children

아이에게 행복을 주는 비결 2

스티브 비덜프 · 샤론 비덜프 지음 | 전순영 옮김

북하우스

전문가들은 여러분 가정의 건강에 해가 될 수도 있습니다.
다행히 이 책은 전문가인 척하는 책이 아닙니다.
이 책은 따뜻한 도움말이고, 여러분이 지닌 상식을 뒷받침해줍니다.
그 목적대로만 이용하십시오.

여러분은,
자기 자신과 자녀들에게 맞는 것을
스스로 알고 있습니다.

책 머리에

제가 처음 부모 역할에 관해 책을 쓴 지 14년이 흘렀습니다. 『아이에게 행복을 주는 비결』 1권을 읽고 보내주신 놀라운 반응에 힘입어, 그 동안 제 인생에 많은 변화가 있었습니다. 덕분에 아내 샤론과 제가 세계 어디를 가더라도 만나는 분들마다 잘 아는 친구같이 느껴졌습니다. 저희를 신임해주신 많은 분들 덕에 자랑스럽기도 하지만 책임감도 느낍니다. 어느 누구보다 저희에게 큰 용기를 주시는 분들은 자녀를 진심으로 위하는 이 세상 부모님들입니다.

부모가 된다는 것은 깊이를 알 수 없는 물과 같습니다. 그것은 인생에 가장 큰 행복을 가져다 줍니다. 그러다가 어느 한순간 마음이 돌멩이에 이리 차이고 저리 차이듯 아파지기도 합니다. 어느 누구도 감히 간단하다고 할 수 없는 일입니다.

오늘날 수많은 자녀양육서들이 쏟아져나오고 있습니다. 그중 어떤 책들은 제 기분을 묘하게 만듭니다. 너무나도 논리적이고 명쾌한 내용들입니다! 쉬워 보이는 도움말과 해야 할 일들의 깔끔한 목록으로 꽉 채워져 있습니다. '자녀를 자신감 있게 만드는 4단계!' 농담처럼 들립니다. 우리는 현실 속에서 살아가고 있는데 그 내용은 너무 비현실적이더군요.

정작 다루어야 하는 것들이 있습니다. 많은 부모들이 초조하게 그 대답을 기다리고 있는 문제들입니다. 그러면 이 책은 어떤 쓸모가 있을까요? 우선 1권에서보다 구체적이고 깊이 있는 내용을 담고자 했습니다. 수많은 부모님들이 직접 겪어보고 가르쳐준 자세한 육아정보도 들어 있습니다. 여기에 나오는 '부드러운 사랑'과 '엄격한 사랑'이라는 개념은 가족생활에 큰 변화를 가져올 수 있는 강력한 무기입니다. 이 개념들은 부모의 진짜 임무란 따뜻한 마음을 지닌 굳건한 미래의 어른을 키워내는 것이라는 것을 일깨워줍니다.

그리고 새로 추가한 다음의 두 가지 목표는 우리 부모들이 도전해보아야 하는 일입니다.

- 체벌 및 두려움을 이용한 훈계를 포기한다.
- 자신의 아이는 스스로 길러야 하며, 다른 사람에게 의지하지 않는다.

자녀를 키우며 부모는 자신의 내면세계를 돌아보게 된다는 말은 정확한 말입니다. 해볼 만한 가치가 충분히 있는 일이죠. 이 책에 정답은 없습니다. 대신 '여러분 가족에 맞는 방법'을 찾을 수 있도록 해주는 많은 아이디어들이 실려 있습니다.

여러분의 가정에 사랑이 가득하시기를 빕니다.

스티브 비덜프

차 례

책 머리에   7

1. 내일의 사람들 만들기   15
   아이들은 아름다운 선물입니다 · 17   두 가지 사랑 · 18   자녀를 사랑하는 방식을 측정해봅시다 · 22

2. 부드러운 사랑   25
   ―아이에게 어떻게 다가서는가?
   몸 안에 있는 생명을 사랑하기 · 27   모유 먹이기에 관하여 · 29   여러분은 어린 시절에 사랑하는 법을 배웠습니까? · 30   모자관계를 치료하다 보니…… · 33   어루만짐의 효과 · 35   칭찬의 힘 · 36   이번 주엔 이런 성격을 목표로 · 39   아이와 함께 하는 시간의 힘 · 39   사랑할 줄 아는 능력을 키워주세요 · 41   행복은, 눈앞에서 뛰노는 아이들처럼, 현재에 있습니다 · 45   마술 같은 순간들 · 46   매일매일의 해피엔딩 · 47   미치광이 뜀박질 같은 가족생활 · 48   '기본'을 느껴봅시다―스스로를 진정시키는 방법 · 49   자신만을 위한 시간 · 51   가족 나무 · 53   아이는 아이답게 · 54   새로운 발견―어린이들에게 필요한 새 비타민 · 59

3. 엄격한 사랑   61
—바른 태도를 지닌 아이로 키우기

왜 아이를 혼내야 할까요? · 63   '서서 생각하기'와 '대화' · 66   혜림이와 씨름하기 · 67   비난하지 않고 상처나 두려움도 주지 않고 · 70   아이가 못돼서인가, 넘치는 기운을 주체하지 못해서인가? · 71   낡은 방법을 넘어서 · 72   인호는 완두콩을 먹는다 · 73   '서서 생각하기'와 '대화'의 이용법 · 75   아주 새로운 방식 · 77   아이들이 협력하게 만드는 세 가지 요령 · 78   말썽꾸러기를 3년 만에 바른 태도의 아이로 · 82   엄격한 사랑의 태도 · 84   아이가 해달라는 대로 다 해준다면? · 85   한 번에 한 가지씩 사랑스러운 아이로 만들기 · 86   언제 시작해야 좋은가? · 87   '서서 생각하기'와 '대화'에 관한 질문과 대답 · 93   지금까지의 훈육방법은 어떠한가? · 98   '잠깐 멈춤'과 '서서 생각하기'의 주요 차이점 · 102   아이가 올바른 선택을 하도록 도와주는 방법 · 103   아이에게 매를 들어야 할까요? · 104   결론 · 111

4. 누가 우리 아이들을 키울 것인가?   113
—탁아시설에 대하여

마음이 원하는 대로 · 115   탁아시설—새로운 방법 · 116   부모가 내리는 두번째 중요한 결정 · 118   뻐꾸기 문화 · 119   개인적인 시각 · 120   탁아시설의 장점 · 123   두려움을 떨치고 있는 그대로를 직시할 것 · 124   선택의 여지가 없다면?—엄마가 꼭 직장에 다녀야 하는 경우 · 126   젊은 부모들의 자신감 저하 · 126 적당히 절충하는 게 아닌 균형 맞추기 · 128 신문기사 중에서 · 129 아이가 어릴 때 집에 있어야 하는 일곱 가지 뻔뻔스러운 이유 · 130 부모들이 탁아시설을 선택하는 이유 · 132 선택의 여지는 있으나, 부모 노릇을 달가워하지 않는 경우 · 135 탁아시설은 아이들에게 해로운가? · 136 "탁아시설에 다닌 아이는 티가 나요." · 139 탁아시설의 비교 · 140 훈육―보모들이 직면한 문제 · 146 전반적인 추세 · 147 더 심각한 문제―갇혀 지내는 엄마들 · 149 우리 동네 되살리기 · 150 바로 이것이 완벽한 삶의 모습이 아닐까요? · 151 대립된 시각―전문가들의 치열한 공방 · 155 너무, 너무, 너무 · 159 제안 · 160

5. 부모수당   165

부모에게 보수를 줘야 하나? · 167 구조적인 문제 · 168 무엇이 잘못되었나? · 169 맞벌이 가정이 처한 어려움 · 170 경제는 남성이 아니라 여성을 원한다 · 171 부모수당―두 마리의 토끼를 한꺼번에 잡기 · 171 세제 개혁도 도움이 될 수 있다 · 176 마음 쓰이는 곳에 돈 쓰기 · 177

6. 아들 키우기   181
―새로운 시대에 맞는 남자로 키우기

아들에게 긍정적인 자화상을 · 183 우리에게 필요한 남성은 어떤 사람인가? · 185 세상은 남자아이들을 어떻게 취급하는가? · 186 아버지들은 다 어디로 갔는가? · 188 홀로 아들을 키우는 엄마라면? · 190 남자아이들이 말썽을 피우는 이유 · 191 아버지 노릇의 참된 의미 · 194 잠깐이라도 귀를 기울이세요! · 197 남자아이들도 보호해주어야 한다 · 201 사람들을 대하고 관계 맺는 것을 가르치기 · 203 여성에 대한 존중을 가르치기 · 203 아들에게도 설거지를 가르치자 · 205 짧게 덧붙이자면 · 206

7. 딸 키우기   207
어머니와 딸들 · 209 부모의 다섯 가지 유형 · 211 아버지와 딸 · 217 장애아를 둔 경우 · 218 더 가까이, 그러나 위험하지는 않게 · 226 딸이 자기 자신을 신뢰하도록 만들어주기 · 227

8. 가족자유주의   229
이제는 달라져야 할 때 · 231 앞으로의 길 · 232 가족자유주의의 활동을 이끄는 신념들을 선언하며 · 234

감사의 말   237

1 내일의 사람들 만들기

이런 장면을 그려보십시오. 당신은 집 앞뜰에 앉아 있습니다. 나무가 울창한 길에는 새들의 노랫소리만 가득합니다. 노년에 접어든 당신은 혈색도 좋고 건강하며, 따뜻하고 부드러운 옷차림입니다. 집 앞으로 멋진 차 한 대가 소리도 없이  와서 멈춥니다. 문이 열리고 젊은이들이 내립니다. 장성한 당신의 자녀들입니다! 그들은 활기가 넘치며 모두들 즐거운 표정입니다. 당신을 보자마자 반갑게 끌어안고는 집 안으로 들어와 요즘 어떻게 지내는지, 어떤 일들을 이루어내고 있는지, 어엿한 가장으로서 자기 식구들에 관한 얘기들을 도란도란 나눕니다. 음식을 같이 먹거나 함께 차를 마시면서 많은 얘기를 나눕니다. 이제 돌아갈 시간입니다. 자식들을 배웅해주고는 도톰한 스웨터를 걸쳐야겠지요. 창가에 오래도록 앉아서 자식들이 어렸을 때를 회상합니다. 당신이 세상으로 내보낸 아이들이 성취하는 것들에 대한 긍지로 입가에 흡족한 미소를 지으면서 말입니다.

아이들은 아름다운 선물입니다

언론에서 다루고 있는 대로 본다면, 아이들은 커다란 골칫덩어리일 뿐입니다. 버릇들이기, 양육과 탁아의 제반 문제, 건강 등 끊임없이 걱정을 안겨주는 존재니까요.

그러나 그것은 지나치게 과장된 걱정에 불과합니다. 아이는 아름다운 선물이라는 것—우리 모두 마음속 깊이 알고 있지만 가끔 잊고 지내는 사실입니다. 불임인 부부들, 병이나 장애가 있는 아이의 부모들은 아이가 얼마나 소중한 존재인지 잘 알고 있습니다. 아이들이 위험에 처해서야 갑작스레 그 소중함을 깨닫는 경우가 있습니다. 아이가 없다면 세상 그 어떤 것도 아무런 가치가 없어지니까요.

하지만 아이들을 키우는 데는 정말로 어려운 일들이 너무나 많습니다. 이 책을 통해 우리는 그 어려움을 돌파하고자 합니다. 그러나 우선, 부모 자신이 얼마나 굉장한 일을 하고 있는지 깨달을 필요가 있습니다. 아이를 키운다는 것은 하나의 새로운 인생을 빚어내는 일이며 미래의 사회로 훌륭한 인간을 내보내는 일입니다. 아이를 키우는 일은 그저 주기만 하는 일은 아닙니다. 아이는 신선함과 강렬함 그리고 신뢰를 가지고 다가오며, 그렇게 아이들로부터 받는 사랑과 존경으로 인하여 여러분의 인생은 풍부해질 것입니다.

우리는 21세기의 아이들을 키우고 있으며, 꽤 잘해내고 있는 편입니다. 30년 전과 비교했을 때 격세지감을 느낄 정도로 새로운 아이들을 키우고 있으니까 말입니다. 간단한 예로 여러분이 열다섯 살이었을 때와 지금의 열다섯 살짜리 아이들을 한번 비교해보십시오.

아이를 기르는 일은 옛날부터 누구나 해오던 일입니다. 그 일을 제대로 하려면 외부의 많은 도움뿐 아니라, 자신의 본능 속에 숨어 있는 지혜를 캐내지 않으면 안 됩니다. 여러분은 '상황에 따라 자신에게 맞는 방법'을 찾아내는 자세를 가져야 합니다. 실수를 할 수도 있지만, 실수에서 오는 심한 자책은 떨쳐버리고 그걸 교훈으로 삼겠다는 마음이 필요합니다. 물론 그런 마음으로 이 책을 펼친 것이겠지요.

여러분이 자녀를 사랑하고 최선을 다해 배우겠다는 열의를 가지고 있다면 이미 훌륭한 부모가 될 자질이 충분합니다.

두 가지 사랑

모든 부모들은 자기 아이들을 사랑합니다. 그러나 사랑은 따뜻한 감정 그 이상의 것입니다. 즉 거기에는 기술이 요구됩니다. 가족상담 전문가들은 부모의 핵심적인 자질을 두 가지로 나누고 있습니다. 전 그것을 '부드러운 사랑'과 '엄격한 사랑'으로 부릅니다. 부모 노릇을 제대로 하려면 이 두 가지 모두를 풍부하게 갖추어야 하며, 그래야 아이들이 좋은 정신적 자양분을 얻어 활짝 피어날 수 있습니다. 두 가지 전부 여러분 속에 이미 갖추어져 있으니 그것을 찾아내서 끌어내야 합니다.

부드러운 사랑이란?

부드러운 사랑은 상대방을 편안하게 해주고 따뜻하게 하며 애정을 담뿍 줄 수 있는 능력입니다. 즉, 쉴새없이 움직이는 이성을 잠깐 멈추게 하고, 자신의 본능을 믿으며, 온갖 스트레스와 억압으로부터 자아를 지켜주는 것입니다. 그렇게 함으로써 자녀가 부모를 필요로 할 때 곁에 있어줄 수 있는 것입니다. 부모 자신이 안정되고 확고한 자아를 지니고 있어야 사랑이라는 감정이 내면에서부터 자연스럽게 솟아나게 됩니다.

부드러운 사랑을 억지로 쥐어짤 필요는 없으나, 적어도 그런 사랑이 자라날 수 있도록 마음속에 공간을 만들어두어야 합니다. 모든 사람이 다 부드러운 사랑을 받고 자란 것은 아니며, 따라서 그런 사랑을 한다는 것이 그리 쉽지만은 않습니다. 애정 표현이 거의 없는 냉정한 부모 밑에서 자랐다면, 주위의 갓난아기나 어린이들에게서 편안함이나 사랑스러움이 아닌 긴장과 불편함을 느낄 수도 있습니다. 사람들이 자신 속에 깃들여 있는 부드러운 사랑을 발견한다면 많은 것들이 변화될 수 있습니다. 2장에서 자세히 설명하도록 하겠습니다.

엄격한 사랑이란?

엄격한 사랑은 아이들에게 친절하면서도 엄격해질 수 있는 능력, 즉 화내지 않고 약해지지 않고 포기하지 않는 가운데 명확한 규칙을 만들고 지키게 하는 능력을 말합니다. 사람들이 누군가를 일컬어 "그는 주관이 확실한 사람이야"라고 말할 때의 바로 그 기질입니다.

많은 이들이 사랑이란 따뜻하고 끈적끈적한 감정이라고 생각해 왔으므로 혼란스러워하기도 합니다. 가령 어느 아버지가 십대의 딸에게 큰돈을 빌려주었는데 그 딸이 평소에 돈을 안 갚는 것을 알면서도 그랬다면 이건 사랑이 아닙니다. 의존적인 끈끈함일 뿐이죠. 엄격한 사랑이란 "물론 너를 사랑한단다. 하지만 넌 나한테 돈을 이미 많이 빌려갔고 그걸 갚으려 하지 않으니 더이상 줄 수 없어!"라고 말하는 것입니다.

엄격한 사랑은 사랑을 바탕으로 한 '의지'입니다. 차갑거나 딱딱한 태도를 말하는 것은 아닙니다. 좋은 부모는 아이들을 사랑하기에 가끔 엄격함을 보일 때가 있습니다. 특히 아이의 안전과 관련된 경우가 많지요. "너를 사랑한단다. 그래서 네가 길거리에서 마음대로 뛰어다니지 못하게 하는 거야. 위험해서 다칠 수가 있거든." 혹은 다른 사람에게 피해를 주지 않기 위해 아이에게 엄격하게 합니다. "이 집에선 다른 사람을 때리면 안 돼."

좋은 부모는 자녀들에게 엄격해질 각오가 되어 있으며, 그것이 자녀들이 행복한 인생을 살도록 도와준다는 것을 알고 있습니다.

균형을 맞추세요

누구나 항상 옳을 수는 없습니다. 부드러운 사랑과 엄격한 사랑의 적절한 배분은 여러분의 결정에 달려 있습니다. 자애롭지만 엄격한 부모라면 이렇게 말을 합니다. "안 돼. 밖에 비가 오고 추울 때는 나갈 수 없어. 집 안에서 재밌게 놀 수 있는 걸 찾아보면 어떨까?" 그런 부모들은 아이들에게는 무엇이든 놀 것이 필요하다는 것을 이해합니다. "네가 심심하다는 것을 알아. 놀 수 있을 만한 걸 함께 찾아보자" 하면서도 자신들이 내린 결정에는 단호합니다. "날씨가 궂으면 너는 집 안에 있어야 돼."

문제가 생기면 바로 그 점을 균형 조절의 잣대로 삼으세요

어느 가족에게나 때때로 '문제'가 발생합니다. 그러나 그것은 단지 '문제'로 끝나는 것이 아니라 부드러움과 엄격함의 균형을 맞추어달라는 간접적인 신호입니다. 가령 어떤 여자아이가 배가 아프다고 합니다. 새로 태어난 동생 때문에 자기에게 소홀해진 엄마 아빠 때문이죠. 또 어떤 남자아이는 아빠의 더 많은 관심을 얻기 위해 학교에서 말썽을 일으킵니다.

때로는 부드러운 사랑과 엄격한 사랑의 수위를 새로 조절해야 할 때가 있습니다. 여러분의 부모님들이 했던 것 이상으로 말입니다. 그래서 오늘날 부모가 된다는 것은 그만큼 신경이 많이 쓰이고 힘들게 느껴집니다. 기존의 한계를 넘어서야 하기 때문이지요. 좋은 일이긴 하지만 그러기 위해서는 많은 뒷받침과 격려가 필요합니다. 다음 장에는 여러분이 힘을 얻을 만한 도움말과 영감을 주는 실제 사례들이 많이 실려 있습니다.

자녀를 사랑하는 방식을 측정해봅시다

다음의 간단한 질문들은 부드러운 사랑과 엄격한 사랑에 대한 이해를 돕고 긍정적인 부모 노릇을 하는 데 참고가 될 것이다. 자신의 모습이라고 생각하는 것에 동그라미를 쳐보자.

부드러운 사랑에 대하여

1. 나는 아이들을 잘 안아준다. 아이들을 껴안고 그애들이 얼마나 소중한지 말해주는 것을 좋아한다.
   전혀 그렇지 않다   1   2   3   4   5   항상 그렇다
2. 나는 온화한 사람이다. 조급하게 서두르지 않으며, 아이들과 있는 걸 좋아하기 때문에 몇 시간이고 함께 시간을 보낸다.
   전혀 그렇지 않다   1   2   3   4   5   항상 그렇다

부드러운 사랑 총점 _____

엄격한 사랑에 대하여

1. 나는 명확하고 강한 사람이며, 규칙을 정하고 아이들이 그 규칙을 따르게 한다. 아이들은 내가 엄격해질 때를 알며 거의 복종한다.
   전혀 그렇지 않다   1   2   3   4   5   항상 그렇다
2. 나는 침착하며 엄격할 때에도 화를 내지 않는다. 절대로 아이에게 고함을 지르거나 때리지 않는다.
   전혀 그렇지 않다   1   2   3   4   5   항상 그렇다

엄격한 사랑 총점 _____

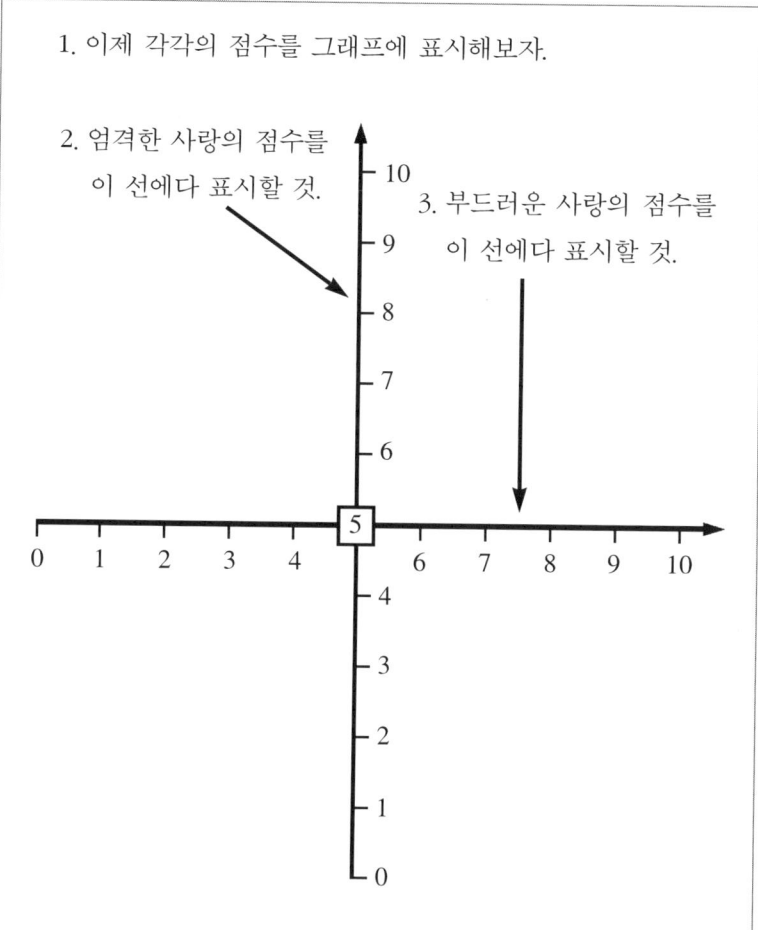

1. 이제 각각의 점수를 그래프에 표시해보자.

2. 엄격한 사랑의 점수를 이 선에다 표시할 것.

3. 부드러운 사랑의 점수를 이 선에다 표시할 것.

4. 두 점수가 어느 공간에서 만나는지 확인할 것. 이것이 당신이 아이를 사랑하는 방식이다.

5. 다음 페이지의 그래프에 나오는 설명을 볼 것.

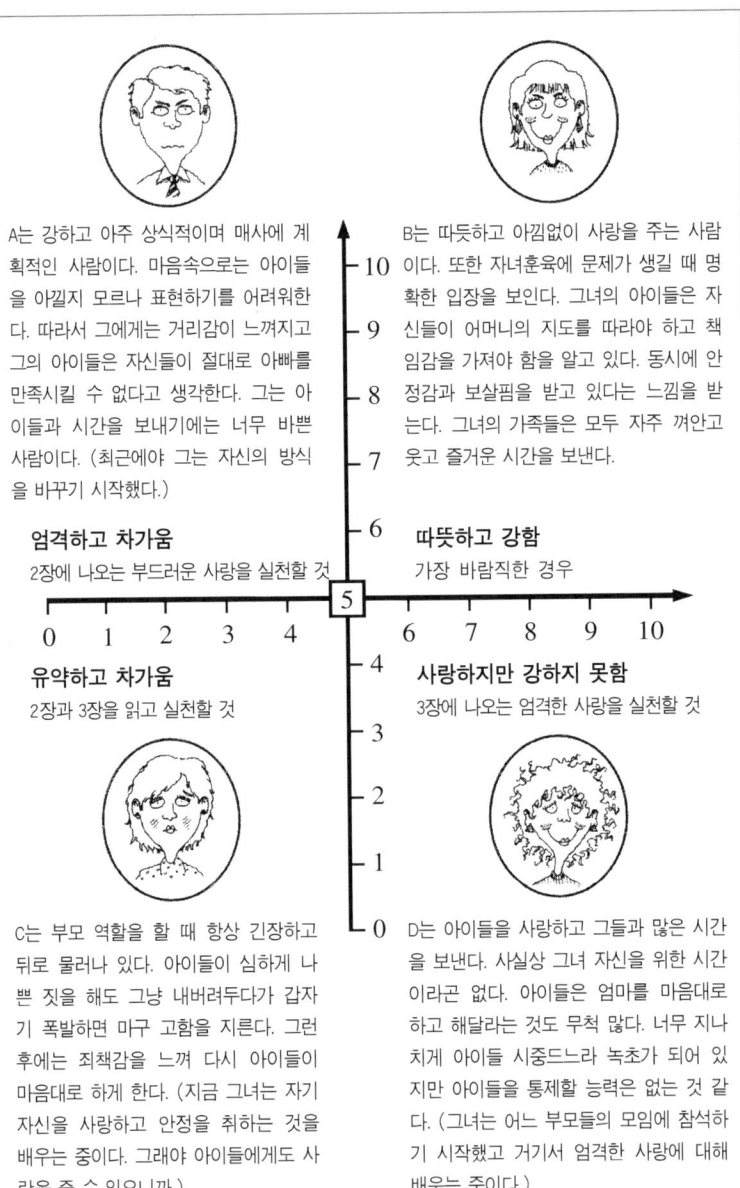

A는 강하고 아주 상식적이며 매사에 계획적인 사람이다. 마음속으로는 아이들을 아낄지 모르나 표현하기를 어려워한다. 따라서 그에게는 거리감이 느껴지고 그의 아이들은 자신들이 절대로 아빠를 만족시킬 수 없다고 생각한다. 그는 아이들과 시간을 보내기에는 너무 바쁜 사람이다. (최근에야 그는 자신의 방식을 바꾸기 시작했다.)

엄격하고 차가움
2장에 나오는 부드러운 사랑을 실천할 것

유약하고 차가움
2장과 3장을 읽고 실천할 것

C는 부모 역할을 할 때 항상 긴장하고 뒤로 물러나 있다. 아이들이 심하게 나쁜 짓을 해도 그냥 내버려두다가 갑자기 폭발하면 마구 고함을 지른다. 그런 후에는 죄책감을 느껴 다시 아이들이 마음대로 하게 한다. (지금 그녀는 자기 자신을 사랑하고 안정을 취하는 것을 배우는 중이다. 그래야 아이들에게도 사랑을 줄 수 있으니까.)

B는 따듯하고 아낌없이 사랑을 주는 사람이다. 또한 자녀훈육에 문제가 생길 때 명확한 입장을 보인다. 그녀의 아이들은 자신들이 어머니의 지도를 따라야 하고 책임감을 가져야 함을 알고 있다. 동시에 안정감과 보살핌을 받고 있다는 느낌을 받는다. 그녀의 가족들은 모두 자주 껴안고 웃고 즐거운 시간을 보낸다.

따뜻하고 강함
가장 바람직한 경우

사랑하지만 강하지 못함
3장에 나오는 엄격한 사랑을 실천할 것

D는 아이들을 사랑하고 그들과 많은 시간을 보낸다. 사실상 그녀 자신을 위한 시간이라곤 없다. 아이들은 엄마를 마음대로 하고 해달라는 것도 무척 많다. 너무 지나치게 아이들 시중드느라 녹초가 되어 있지만 아이들을 통제할 능력은 없는 것 같다. (그녀는 어느 부모들의 모임에 참석하기 시작했고 거기서 엄격한 사랑에 대해 배우는 중이다.)

2 부드러운 사랑
—아이에게 어떻게 다가서는가?

모든 부모는 자기 아이들을 사랑합니다.
가장 큰 문제는 '이 사랑이 통하고 있는가' 이겠지요.

해질녘, 호수를 둘러싼 숲은 고요합니다. 외로운 새들이 짝을 찾는 울음소리만 간혹 들릴 뿐이지요. 호숫가 작은 오두막에서는 한 남자와 여자가 사랑을 나누고 있습니다. 그들은 시간을 들여 천천히 시작합니다. 모든 긴장과 근심이 서서히 사라지며 즐거운 기대감에 휩싸입니다. 그들은 수년간 부부로 지내왔으나 서로에 대해 새롭게 눈뜨고 있는 중입니다. 이윽고 열정이 고조되기 시작하고 아내의 웃음소리는 남편의 다급함에 묻혀버립니다. 그들은 곧 기쁨의 비명을 지릅니다. 잠시 후 따뜻한 두 몸이 나란히 누워 조용히 잠이 듭니다. 그들이 자고 있는 동안, 아내의 몸 속에서는 신비로운 일이 벌어집니다. 달처럼 생긴 난자가 기다리고 있는 곳으로 정자가 헤엄쳐 가고 한 아기의 생명이 시작되는 것이지요.

몸 안에 있는 생명을 사랑하기

여러분은 어떻게 엄마가 될 수 있었나요? 물론 임신을 했기 때문이겠지요. 그런데 임신이란 누구에게나 충격적인 일입니다. '사고'로 인한 임신은 물론이고 철저하게 계획된 임신조차도 충격적인 느낌을 가져옵니다. 임신진단시약이 들어 있는 조그만 막대를 들고 서 있는 동안 '어머나, 이를 어째!' 라는 생각이 들기도 할 겁니다. 회전목마를 탄 것처럼 어지럽기까지 합니다!

일단 임신을 했다면 여러분은 선택을 해야 합니다. 몸 안에 있

는 새 생명에게 사랑으로 다가가든가 아니면 두려움과 걱정으로 몸을 사리든가. 그뿐만 아니라 몸 안의 생명이 달을 채우고, 태어나고, 성장하는 동안 계속 선택을 해야 합니다. 경직된 마음으로 뒤로 물러설 것인가 아니면 부드러운 사랑으로 아이를 대할 것인가 하는 선택이 매순간 반복됩니다.

포근함과 여유와 따뜻함의 원천인 '부드러운 사랑'은 이 세상 어느 누구에게나 깃들여 있습니다.

여러분 안의 부드러운 사랑은 타오르는 화염같이 강력한 것일 수도 있고 혹은 점화되기를 기다리는 눈에 띄지도 않는 희미한 불꽃일 수도 있습니다. 새로 엄마 아빠가 된 이 세상 모든 이들의 마음속에는 이 불꽃이 있습니다. 학자들에 의하면 아버지들도 아기가 태어날 때부터 곁에서 지켜보고 돌보면 아기에게 '빠져' 버린다고 합니다. 깊은 흥미와 만족을 느끼며 아기와 더 많은 시간을 보내려고 하고 아기를 돌보는 것에 능숙해지고 싶어한다는 것이지요. 아기가 자신의 아이이건 아니건 이것은 사실입니다. 중요한 것은 아주 일찍부터 아기 곁에 있어야 한다는 것입니다.

어머니의 경우, 아기가 태어나자마자 모유를 먹이고 곁에서 재운다면 몸에서 프로락틴이라는 강력한 호르몬이 분비되어 실제로 어머니 역할을 하고 싶게 만든다고 합니다. 이 호르몬은 어머니를 안정시키고 느긋하게 하며 아기가 함께 있을 때 커다란 즐거움을 느끼게 합니다. 또한 아기가 곁에 있다는 깨달음과 조심성을 어머니의 몸에 불어넣습니다. 조그맣고 보드라운 것을 볼 때 탄성이 나오는 것은 프로락틴의 작용 때문입니다.

이렇듯 사랑의 감정은 이미 내장되어 있으며 점화의 순간만을 기다리고 있습니다. 그러나 그 점화라는 것이 항상 쉽고 자연스럽

모유 먹이기에 관하여

모유가 영양이나 면역 측면에서 분유보다 훨씬 뛰어나다는 사실이 계속해서 밝혀지고 있다. 때로 의학적인 문제 때문에 불가피하게 분유를 먹여야 할 때도 있으나, 아기에게 모유를 먹이면서 피부로 아기를 느끼는 것은 무척 중요하다. 이때 어머니는 편한 상태에서 아기를 쳐다보며 그 시간을 아기와 가까워지는 시간으로 여겨야 한다. 모유 먹이기는 일종의 예술이다. 이것을 잘해내기 위해 가끔은 경험과 지식이 많은 사람의 도움말이 필요할 때가 있는데, 모유 먹이는 어머니들의 모임 같은 데에서 도움을 받을 수 있다.

게 이루어지는 것은 아니어서 때로 도움이 필요할 때도 있습니다.

여러분은 어린 시절에 사랑하는 법을 배웠습니까?

만약 여러분이 어렸을 때 충분한 사랑을 받지 못했다면 바로 그것이 여러분 안의 사랑을 막는 벽이 될 수 있습니다. 즉 '사랑하는 법을 배우지 못한' 것이지요. 그러나 결코 늦은 것은 아닙니다.

우리들의 부모 세대는 자녀들에게 많은 신경을 썼지만 그 마음을 항상 드러내서 표현하지는 않았습니다. 오늘날 부모가 된 많은 사람들 중에서 아주 어릴 때부터 풍부한 애정 속에서 자란 경우는 그리 많지 않습니다. 의학적인 지식이 출생과 유아기를 지배했던 '차가운 1950년대'에는 아이에게 잘해주는 것을 '버릇없게' 키우는 것으로 여겼습니다. 당시의 부모들은 아기가 울면 내버려두라고 배웠으며, 꼭 시간에 맞춰서만 먹이고, 아이를 안아주면 아이를 망치는 줄 알았습니다. 심지어 오늘날에도 몇몇 소아과 의사나 육아책의 저자들은 아기를 혼자 울게 내버려두라고 충고합니다. 황당한 일입니다.

진 리들로프는 육아 잡지 『엄마 노릇』에 기고한 글에서, 모든 인간에게는 기본적으로 두 가지 정서가 필요하다고 단언했습니다. 하나는 환영받고 있다는 느낌이고, 다른 하나는 자신이 가치 있다고 느끼는 것입니다. 1950년대와 60년대의 부모들은 아이를 돌보는 기술만큼은 꽤 좋았습니다. 아이들을 먹여주고 입혀주고 잘 거

뒤주었습니다. 이것만큼은 좋은 출발이었습니다. 그러나 그들은 따뜻함이라든가 친밀한 접촉에는 서툴렀고, 당시 아이를 훈계하는 방법은 창피를 주고 비난하는 것이 주를 이루었습니다. 그러므로 자신이 환영받지 못한다고 혹은 가치 없는 존재라고 느끼며 자란 사람도 있었겠지요.

'예전'의 어린 시절에도 장점은 있었습니다. 사람들은 대개 아

> 어떤 남자가 우리를 찾아와 자신의 얘기를 했다. 십대와 이십대 무렵에 그는 나이가 지긋하고 친절한 사람들과 가깝게 지냈다고 한다. 그분들이 자신을 반겨주며 미소를 보내고 그의 하루가 어땠는지 묻는 따뜻한 느낌이 좋았기 때문이었다. 그러는 동안 그는 차츰 자신이 환영받고 있다는 느낌에 충만해졌다. 시간이 흘러, 그는 다른 사람들이 자기와 함께 있기를 원한다는 것을 알게 되었다. 사람들은 그의 의견을 물어보고 그에게 자신의 문제를 털어놓게 되었다. 그런 일들은 그가 자신을 가치 있는 인간이라고 느끼게 해주었다. 결국 그는 심리학자가 되었다!
>
> 또 어떤 할머니의 얘기 한 토막. 그분은 소녀였을 때 굉장히 외롭고 사랑받지 못하고 있다는 느낌을 자주 가졌다고 한다. 자정이 되어 모두가 잠들었을 때 그녀는 라디오를 켜곤 했다. 심야 프로그램의 아나운서는 깊고 다정한 목소리를 가지고 있었다. 그녀는 그 아나운서가 모든 청취자에게 "안녕히 주무십시오. 평안한 밤이 되시기를……" 하고 말할 때까지 기다리곤 했다. 그 말을 들은 후에야 그녀는 보살핌을 받는 기분이 되어 편안해졌고 깊이 잠들 수 있었다.

이를 많이 낳아 키웠고 일가친척들과 가까이 살았고 좀더 큰 아이나 조카, 이모, 숙모, 할머니 들이 모두 아기 키우는 걸 도왔으니까요. 자신의 아이를 낳기 전에 부모 연습을 할 기회가 얼마든지 있었습니다. 오늘날 새로 부모가 된 이들의 4분의 1 가량이 자기 아이를 갖기 전에는 한 번도 아기를 안아본 적이 없다고 합니다. 그들이 부모 노릇을 겁내는 것도 무리는 아니지요.

부모 역할이 아주 힘들어지기 전에 여러분 자신을 위해 주위의 도움을 받도록 하십시오. 사랑받는 것을 배워야만 사랑을 줄 수 있습니다. 이건 아주 일찍부터 비롯되는 일입니다. 조사 결과에 따르면, 산모를 사랑하는 누군가가 출산 현장에 있는 경우는 제왕절개나 무통증 분만 주사, 나아가 겸자분만의 필요성이 크게 줄어든다고 합니다. 산모가 정신적인 보살핌을 받고 있는지의 여부가 산모의 몸에도 영향을 미치는 것이지요.

사랑은 실질적으로 존재하는 실체이며, 사랑이 주위에 많으면

많을수록 일이 더 잘 풀립니다. 일단 아기를 낳은 후라면 주위 사람들이 베푸는 사랑이 큰 도움이 됩니다. 산모를 위한 마사지나 특별한 음식을 해주고 다시 자신의 생활을 찾도록 도와주는 것 등 아기를 낳은 후 산모가 받는 사랑이 그 안에 잠재된 사랑을 일깨울 수 있습니다.

간단히 요약하자면, 많은 사랑과 보살핌을 받고 자란 사람일수록 자녀를 잘 키울 가능성이 높아집니다. 그러나 그런 어린 시절을 못 보냈다 하더라도(사실상 대부분의 사람들이 그런 유년기를 보내지 못했습니다) 우리는 우리 자신과 아이를 위해서 얼마든지 사태를 역전시킬 수 있답니다.

모자관계를 치료하다 보니……

미경씨는 서른여덟 살이며 십대의 아들과 불화를 겪고 있었다. 실제로 그녀의 아들은 굉장히 스트레스를 받고 있었고 자살할 가능성마저 있었다. 우리는 그들이 서로를 어떻게 대하는지 물어보았다. 한 가지 분명한 점은 그녀가 아들과 대화를 나눌 때마다 아들을 힐난한다는 것이었다. 그녀도 속으로는 아들을 아꼈으나 겉으로는 차갑고 딱딱했으며, 우선 그녀 자신이 행복하지 못했다. 우리와 얘기하면서 마음을 터놓게 되자 그녀는 자신이 아들을 애정을 담아 안아주거나 쓰다듬어주는 일이 거의 없다고 털어놓았다. 아들을 쓰다듬는다는 생각만으로도 그녀는 불편해진다고 했다.

어머니가 정서적으로 차갑다는 것은 십대 소년들의 자살에 영향을 주는 위험한 요소이다. 특히 아버지마저 무력하고 거리감이 있다면 더 그렇다. 그래서 우리는 '가까워지는 것'을 일차 목표로 삼았다. 우리의 격려에 힘입어 미경씨는 아들과 가까워지고자 노력했다. 저녁밥을 차려주면서 아들의 어깨에 가볍게 손을 얹는 것을 시도했고 아들의 머리 모양이나 옷차림에 대한 가벼운 칭찬도 하기 시작했다. 1~2주가 지난 후에는 아들이 학교 갈 때 살짝 껴안아주는 것으로까지 발전했다.

미경씨로서는 그렇게 하는 것이 쉽지 않았지만 계속 노력했다. 그러던 어느 날, 자신이 수강하고 있던 자아계발 강좌에서 누군가가 얘기하는 고통스런 어린 시절 얘기를 듣게 되었다. 갑자기 그녀는 몸을 심하게 떨더니 곧 큰 소리로 울음을 터뜨렸다. 그녀는 자신이 네 살 때 아버지로부터 성적으로 학대당했던 일을 기억했던 것이다. (다행히 그 사건 직후 미경씨의 어머니는 딸을 데리고 집을 나왔다.)

그녀는 이 사건을 잊지는 않았지만 자신에게 미친 영향을 대수롭지 않게 여기고 있었다. 그러나 그녀가 아들을 어루만지거나 사랑을 주는 것을 그토록 어려워한 이유는 바로 여기, 즉 그녀 내면의 깊숙한 상처에 있었던 것이다.

자아계발 강좌의 모임에서 그녀는 조금씩 자신의 얘기를 털어놓았고 그렇게 함으로써 다른 사람이 자신을 염려해주는 것을 받아들이게 되었다. 그녀는 좀더 외향적인 사람으로 변했다. 그런 외향적이고 밝은 면은 그녀 속에 숨어 있었는데, 그것은 어린 네 살짜리 소녀가 아버지에게 배반당하고 느낀 공포 때문에 그렇게 마음속 깊이 숨어버렸던 것이다. 아들을 위해서 시작한 일이 그녀 자신을 돕는 결과가 되었다.

어루만짐의 효과

앞의 미경씨 이야기를 읽고 나서 어루만짐과 애정이 죽고 사는 문제까지 결정짓는다는 것을 알고 놀랄 수도 있겠습니다. 어루만짐이라는 것이 그렇게까지 중요한 것일까요?

겉으로만 봐서는 십대들이 부모의 애정에 그토록 좌우된다는 사실이 잘 이해되지 않을 수도 있습니다. 그러나 십대들도 한때는 아기였습니다. 그리고 아기였을 때 따뜻한 품에 안기거나 부모가 사랑으로 쓰다듬어주는 것을 경험하지 못했다면 물론 심각한 문제가 되지요.

애정에 굶주린 갓난아기들은 문자 그대로 외로움에 지쳐 죽을 수도 있습니다. 조산아들의 경우 누군가가 쓰다듬어주면 성장 호르몬이 분비됩니다. 마치 아기가 이 세상이 살 만한 곳인지 아닌지 판단하는 것처럼 보입니다. 사랑이 담긴 손길을 받을 때, 우리 몸 속의 면역체계는 평소보다 맹렬한 기세로 감염균과 싸우게 됩니다. 몸의 각 부분에 산소를 실어나르는 적혈구의 수치도 놀랄 만큼 증가합니다.

어루만짐은 모든 포유동물들의 '필수 비타민'입니다. 조산아들은 대부분 인큐베이터에서 수주간 지내지만, 아기의 엄마(혹은 아기를 사랑하는 다른 누군가)가 정기적으로 쓰다듬고 부드럽게 어루만져주면 몸무게가 다른 아기들보다 75%나 빠른 속도로 증가한다는 연구 결과가 있습니다. 그 아기들은 몇 주 일찍 퇴원하고 병원비도 크게 절약되는 셈이지요.

틈나는 대로 기회를 만들어 어루만져주세요

아이들에게 애정을 보여줄 수 있는 방법은 많습니다. 마사지, 쓰다듬어주기, 토닥거려주기, 간질이기, 애무하기, 업어주기, 흔들어주기, 안아주기, 머리 빗겨주기, 손 잡아주기, 말 태우기, 그네 태워주기, 뽀뽀하기 등 끝도 없습니다. 이 모든 것들은 한 가지 메시지를 전달하고 있습니다. '너는 사랑받고 있고 환영받고 있어. 너는 가치 있는 사람이란다.'

물론 아이들이 어느 정도 자라면 독립하고자 하는 욕구가 생겨 신체적 접촉을 피할 때도 있습니다. 그렇지만 십대 자녀를 둔 경험 많은 어머니들에 따르면 아이가 안기고 싶어하는 순간이 곧 다시 올 것이므로 부모는 '팔을 벌리고' 있어야 한다는 겁니다.

아이가 어렸을 때 겪은 문제나 결핍은 서서히 애정을 쌓아가고 신뢰를 배우면서 치유될 확률이 높습니다. 충분한 시간과 보살핌이 있으면 입양된 아기들도 초기의 문제들을 극복할 수 있으니까요. 아기였을 때 방치되거나 버림받았던 상처를 회복하고 나중에 성공한 어른들을 가끔 만나게 되는데, 이들이 처음부터 제대로 컸더라면 얼마나 좋았을까 하는 아쉬움이 큽니다.

칭찬의 힘

아이들이 자람에 따라 부모의 사랑을 보여줄 수 있는 기회도 늘어납니다. 가장 흔한 방법은 말로 하는 것이죠. "너는 예쁘고 재미있는 아이야. 너랑 함께 있는 게 즐겁단다." 이렇듯 우리는 '말'로써 아이들의 인격 형성에 지대한 영향을 줍니다. 아이들은 우리가 말하는 그대로 크는 법이니까요.

아이들에게 해주어야 하는 말에는 두 가지가 있습니다. 하나는 '아무런 조건 없이' 하는 칭찬인데, '네가 너이기 때문에 사랑한다'는 것을 알려주는 것입니다. 아이들은 이 사랑을 얻으려고 애쓰지는 않지만 일단 한번 얻으면 결코 잊지 않습니다. 얼마나 기분좋은 일인지 생각해보세요. 아무런 조건 없이 사랑받는 것, 단지 내가 존재한다는 이유로.

두번째는 '조건이 있는' 칭찬입니다. 이것은 아이들에게 '네가

이러이러한 일을 해서 고맙다'고 하는 것입니다. 예를 들면 "전화벨이 울렸을 때 네가 어린 여동생을 웃긴 게 참 보기 좋더라" 혹은 "네 그림 정말 멋지다" 혹은 "노래를 정말 잘하네" 등의 말입니다.

여러분이 좋아하지 않는 일들을 말하는 것도 괜찮습니다. 단, 그때 아이의 이름은 부르지 않도록 합니다. "오늘은 네 옷을 잘 정리해놓지 않았네. 바닥에 티셔츠가 흩어져 있고 양말이 그대로 있잖아" 하는 정도로 그칩니다. "이 녀석, 순 게으름뱅이잖아!" 같은 식의 표현은 좋지 않습니다.

부모들은 가끔 자녀에게 긍정적인 말을 해주기 위해서 아이가 어떤 장점을 가지고 있는지 관찰해야 합니다. 부모가 아이들에게 관심을 기울일 때 그 영향은 엄청납니다. 교사인 켄 멜러의 표현대로 '부모가 자녀의 어떤 면을 중시하느냐에 따라 자녀는 그렇게 된다'는 것입니다. 예를 들어 어떤 가족이 병에 걸리지 않도록 하는 것에만 초점을 맞추면 그 집의 아이들은 항상 아픕니다. 어느 가족은 불평에 초점을 두고 식구들을 행복하게 하려고 애쓰지만 아이들은 항상 투덜댑니다. 만약 여러분이 부정적인 면만 보고 그것을 지적한다면(일부 아버지들이 저지르기 쉬운 습관입니다) 부정적인 면이 증가할 것입니다. 반면에 아이들의 착한 행동을 주시하면서 잘하고 있다고 칭찬해주면 아이들의 행실은 점점 더 좋아집니다.

이번 주엔 이런 성격을 목표로

아이들의 성격을 바꾸어보려면 어떻게 하는 것이 좋을까? 여기 한번 시도해볼 만한 방법이 있다.

1. 아이가 가졌으면 하는 세 가지 중요한 성격을 고른다.(다른 사람에게 친절하기, 인내, 부드러움, 참을성, 협동정신, 독립심, 창의력 등 어떤 것이라도 상관없다.)
2. 그중 한 가지를 골라 이번 주의 목표로 삼는다.
3. 아이들이 그에 해당되는 행동을 할 때마다 주목한다. 가끔씩 칭찬도 한마디씩 하되 평소에는 그냥 주의깊게 관찰하기만 한다. 부정적인 말은 절대로 하지 않는다. 주말쯤 되면 목표했던 성격의 행동이 늘어나기 시작할 것이다. 그런 후에 다른 성격으로 옮긴다. 아이들 스스로 성격 중의 하나를 고르게 하여, 일 주일 동안 함께 변화를 지켜볼 수도 있다. 목표했던 성격의 행동을 보일 때에만 지적한다는 것을 명심한다.

아이와 함께 하는 시간의 힘

부드러운 사랑에 빠져서는 안 될 게 하나 있습니다. '함께 있어주기' 즉 '함께 시간을 보내는 것'입니다. 사랑한다는 말을 해도 아이와 충분한 시간을 함께 해주지 않으면 거짓말이 되고 맙니다. 아이들에게는 말보다 행동이 더 중요합니다.

오늘날 많은 아버지들이 아침 7시 30분쯤 집을 나서서 저녁 7

시가 넘어서야 귀가합니다. 이 아버지들은 휴일이나 주말에 아이들을 위해 죽도록 노력해야 그나마 아버지 역할을 하는 것처럼 보입니다. 아버지들의 잘못만은 아닙니다. 직장이란 부모를 위해 존재하는 장소가 아니기 때문입니다.

석기시대에는 부모들이 아이들을 구하기 위해 사나운 호랑이나 매머드와 맞서야 할 때가 있었습니다. 현재의 컴퓨터 시대에는 직장상사에게 "먼저 퇴근하겠습니다"라고 해야 할 때가 있습니다. 둘 다 위험한 일이라는 점은 마찬가지지요.

아버지들만이 아닙니다. 많은 어머니들 역시 '질적인 시간'이라는 그럴듯한 개념을 멋도 모르고 선호합니다.(부끄럽지만 저 역시 초기에 잠깐 이 개념을 따라간 적이 있었습니다.) '계획에 맞추어' 시간표대로 체크를 해가면서 자녀들과 질적인 시간을 가질 수는 없습니다. 관계를 맺는다는 것은 무척 미묘한 일입니다. 남편이 저녁 내내 아내의 존재를 무시하다가 10시 30분이 되자 갑자기 TV를 끄고 신문을 접고는 이제 다정한 시간을 보내자고 하면 기분이 어떻겠습니까! 아이들도 마찬가지입니다.

물론 특별한 시간을 가지는 것은 중요합니다. 가장 쉬우면서도 효과가 큰 방법은 매일 같이 모여앉아 TV와 라디오를 끄고 식사를 하는 것입니다. 아침식사가 될 수도 있고 저녁식사가 될 수도 있습니다. 함께 식사하는 가정이 드물긴 하지만, 가족을 다시 이어주는 완벽한 방법 중 하나가 바로 같이 식사하는 것입니다.

크게 보면 아이들은 부모가 자기에게 어떻게 해주느냐에 따라 또 자기와 있는 시간을 얼마나 즐거워하느냐에 따라 자기 자신의 가치를 평가합니다. 부모가 자기를 이 세상에서 가장 소중하게 여기고 있다는 것을 아이들은 느끼며 자라야 합니다. 그들이 집안의 '왕'이어서가 아니라, 아이들의 욕구나 필요가 진정 중요하기 때문입니다. 이 욕구는 아이들이 자라면서 줄어들기는 하지만 십대 청소년이 되어서도 여전히 존재합니다.

사랑할 줄 아는 능력을 키워주세요

가정에 좀더 많은 사랑이 넘치게 하고, 긍정적인 태도를 확장시키는 가장 빠른 길은 무엇일까요? 답은 간단합니다. 대부분의 사람들이 갖고 있으나 자신이 그것을 갖고 있는지도 모르는 재능, 바로 '지금 이 순간'을 충실하게 살아가는 기술입니다.

'지금 이 순간'은 아이들이 살고 있는 시간입니다. 아이들에게는 미래란 무척 멀리 있는 것입니다. 아이들은 오늘을 살고 있는 것입니다!

여러분도 한때는 그랬지요. 어렸을 때 하루가 굉장히 길게 느껴졌던 일 기억하시는지요? 여름방학이 시작되면 처음엔 그 방학이 굉장히 길게 느껴지지 않았던가요?

지금 이 순간을 충실하게 살아갈 줄 아는 어른들은 아이들에게 인기가 높습니다. 노인들이 이런 능력을 갖고 있을 때가 있는데, 그것은 그들이 이제 더이상 서두르지 않기 때문입니다. 대부분의 부모들은, 사실 그 누구보다도 이런 기술이 필요함에도 지금 이 순간을 충실히 살아내지 못합니다. (아이들이 어렸을 때 저도 가끔 그랬답니다. 몸은 아이들과 있지만 마음은 다른 곳에 있었지요. 제 아들이 주의를 돌리기 위해 저를 한 번씩 때리곤 했습니다.)

많은 사람들이 이 기술을 잃은 듯 보입니다. 특히 자연의 리듬으로부터 멀리 떨어진 도시인들이 그렇지요. 더 나쁜 경우는 하루가 그냥 지나가는 것을 '시간낭비' 아니면 '아무것도 얻은 게 없는 날'로 간주해버리는 것입니다. 아이를 제대로 키우고 싶다면, 사랑을 보여주든 엄격함을 보여주든 간에, 여러분 자신이 '지금 이 순간' 속으로 들어가야 합니다.

우리의 정신을 가정으로 되돌립시다

인생을 살면서 일어나는 대부분의 문제는 우리가 두뇌를 갖고 있기 때문에 생기는 것들입니다. 개나 고양이, 생쥐의 두뇌로는 단 1초도 견뎌낼 수 없을, 오로지 근심 걱정으로 가득한 인간의 두뇌 말입니다. (제가 주최한 어느 세미나에서 한 어머니가 "우리 애들이 직장이나 갖게 될지 모르겠어요" 하고 걱정을 하기에 애들이 몇 살이냐고 물었지요. "아직 애를 낳은 건 아니에요"라고 대답하더군요. 그녀는 부모 역할을 준비하고자 세미나에 참석한 것이었죠! 한편으론 대단하다는 생각이 들면서도 한편으로는 차라리 그렇게 걱정할 시간에 볼링이나 치지 하는 생각도 들었습니다.)

우리의 두뇌는 항상 앞일을 생각하느라 달음박질치고 있어서 우리를 지치게 합니다. 그래서 우리는 지금 눈앞에서 벌어지는 일들을 놓치는 것이죠. 두뇌의 줄달음질에는 다음과 같은 세 가지 유형이 있습니다.

1. 끊임없이 과거를 되돌리기

과거를 회상하는 일은 즐거운 일이지만 대부분의 사람들은 과거에 대한 후회(그들이 놓친 것), 오래된 죄책감(했어야 할 일들), 해묵은 원망(다른 사람들이 해주지 않은 것)들을 되씹기만 합니다. 어떤 식으로 과거를 회상하느냐에 상관없이 과거에 매달리는 것은 거의 완벽한 시간낭비입니다. 그런데도 대부분의 사람들 머릿속 절반은 이 일로 가득 차 있습니다!

2. 미래로 무작정 치닫기

미래를 상상하는 것은 멋진 일이 될 수도 있으나 대부분의 사람들은 앞으로 뭐가 잘못될지 걱정할 뿐입니다. 그들은 자신의 미래를 '이보다 더 나쁠 순 없다!'라는 최악의 시나리오를 꾸미는 데 소모하고 있습니다. 〈패런트후드〉(스티브 마틴이 주연한 코믹 영화. 국내에 〈우리 아빠 야호!〉라는 제목으로 출시되어 있다—옮긴이)라는 비디오를 빌려 보십시오. 거기에 나오는 야구 장면이 확실한 본보기입니다.

최악의 경우를 상상하다 보면 거기에 얽매이거나 무슨 일에든 과민반응을 보이게 됩니다. 재앙의 계획을 세우는 데 바빠서 긍정적인 면들은 놓쳐버리게 되는 거지요. 장미 가시에 찔려 파상풍에 걸리는 것을 걱정하느라 눈앞에 있는 장미의 아름다움을 보지 못하는 것입니다.

3. 살아가면서 놓친 것을 생각하기

많은 사람들이 잘못 내린 결정을 후회하며 살아갑니다. 직업, 마치지 못한 학위나 공부, 결혼 상대자, 사는 동네, 낳지 말았어야 할 아기 등 끝이 없지요. 몸은 이곳에 있어도 마음은 다른 곳, 다른 세계에 있습니다. 누구나 이런 경험이 있지만 제대로 된 사람이라면 여기다 쓸 에너지를 다른 곳으로 돌리겠지요. 변화를 시도하거나, 휴가를 계획하거나, 아니면 이루지 못한 꿈에 다시 도전하는 등등으로 말입니다. 나머지 사람들은 그저 동경할 뿐입니다. 만약에 그랬다면…… 아아, 훨씬 더 행복했을 텐데.

이런 생각에 정신이 팔려 있으면 스스로 불행해질 뿐 아니라 자녀양육의 많은 부분을 놓치게 됩니다.

행복은, 눈앞에서 뛰노는 아이들처럼, 현재에 있습니다

여러분이 아직도 깨닫지 못했다고 가정하고 거듭 말하자면, 인생의 최고의 순간은 바로 지금입니다. 행복은 계획에 맞춰 오지 않습니다. 물론 미리 계획한 휴가나 나들이, 오랫동안 미루었던 외식이나 영화 관람 등에서 행복은 계획대로 옵니다. 그러나 이렇게 계획된 행복이 1이라면 예기치 않았던 행복은 10이라 할 수 있습니다. 그렇다면 여러분 스스로가 그 행복을 발견하고 음미할 시간을 충분히 가져야 합니다. 행복은 나비와 같아서, 여러분이 가만히 있기를 기다렸다가 어깨 위로 사뿐히 내려앉는답니다.

마술 같은 순간들

인생은 때로 전혀 예기치 않은 순간에 행복의 진주알들을 뿌려준다. (종종 TV 광고에서 보여주는 장면이 바로 그런 순간들이 아닐까.)

우리는 그 마술 같은 순간을 알고 있다. 아이들과 함께 들판이나 공원에서 연날리기를 하려고 한다. 하늘엔 구름이 뭉게뭉게 떠 있다. 처음엔 잘 날지 않더니, 갑자기 연이 높이 떠오른다! 아이들은 연을 뒤로 날리며 당신에게 달려온다. 새 한 마리가 높이 날고 있다. 구름 뒤에서 해님이 나오니 아이들의 머리칼이 빛을 받아 반짝인다. 모든 것이 영화의 느린 화면처럼 천천히 흘러간다. 어디선가 바이올린 소리가 들리는 것 같다. 아내가 당신을 쳐다보며 사랑스럽게 미소짓고 당신은 더할 수 없는 행복감을 느낀다. 수억을 준다 해도 이 순간과 바꾸고 싶지 않은……

아이들은 이런 순간들을 머릿속에 간직해둡니다. 조용할 때 혹은 차를 타고 어디론가 멀리 갈 때 아이들은 자기들끼리 "너 그거 생각나니?……" 하고 그때의 행복했던 순간을 시시콜콜한 것까지 기억해냅니다. 그것은 아이들에게 가족에 대한 소속감과 낙관적인 태도를 심어줍니다. 여러분도 어린 시절에 겪은 그런 마술 같은 순간을 기억하실 겁니다. 저는 아버지와 축구시합을 보러 갔던 날을 기억합니다. 그날 아버지는 제가 추울까 봐 당신의 오버코트로 꼭 감싸주셨습니다. 또 어머니는 화장실에서 변기에 빠질

매일매일의 해피엔딩

내가 아는 어느 가족은 다섯 살 난 아들과 두 살 난 딸이 있다. 매일 밤 아이들은 잠자리에 들면서 특별한 의식을 치른다. 다른 집처럼 엄마나 아빠가 책을 읽어주는 게 아니라 그날 있었던 일들을 하나하나 이야기하는 것이다.

마지막에 엄마와 아빠는 자기들이 제일 즐거웠던 일을 얘기해주고 아이들에게 "넌 오늘 뭐가 제일 좋았니?" 하고 묻는다. 그리고 아이들의 대답을 열심히 귀기울여 듣고는 잘 자라는 키스를 한다.

참으로 아름답게 하루를 마무리하고 긍정적인 활력을 불어넣는 훌륭한 방법이 아닌가.

미치광이 뜀박질 같은 가족생활

    오늘날의 가족생활은 눈이 핑핑 돌 정도로 바쁘다. 부모들은 아침 6시 이전에 일어나 아침식사를 삼키고 아이들을 탁아시설로, 학교로, 그리고 방과후에는 오후의 탁아시설로 데려다준다. 직장일이 끝나면 아이들을 집으로 데려와 저녁식사를 하고, 질적인 시간(?)을 가지고, 집안일을 하거나 직장에서 가져온 일을 한다. 그리고 자정이 넘어서야 지쳐 곯아떨어진다.

    또 대개의 가정은 부부가 맞벌이를 해서 30년 동안 상환해야 할 주택을 소유하고 있다. 어떤 부모들은 깨어 있는 시간의 4분의 1 가량을 차 안에서 보내야 한다. 아버지들은 학원비를 벌기 위해 밤늦게까지 일해야 한다.(아이들이 굉장히 싫어하는데도) 아이들은 아버지 얼굴을 통 볼 수가 없어 자신감이 없어지고 탈선에 빠진다. 부부간은 무관심과 지나친 피로로 인하여 삐걱거리거나 서로 말이 안 통한다고 불평한다. 아내와 남편은 차라리 식당의 아줌마와 더 많은 대화를 나눈다. 오늘날의 가족은 스트레스로 인하여 죽어가고 있는 것 같다.

까 염려하여 제 앞에 세탁바구니를 가져다가 앉으시고는 당신 무릎을 잡게 하셨습니다. 어쨌든 전 그게 좋았습니다. 그리고 영원히 기억할 겁니다!

'기본'을 느껴봅시다
─스스로를 진정시키는 방법

'기본을 느끼기'는 여러분의 마음을 안정시키고 지금 이 순간 자신이 서 있는 곳으로 집중하게 하는 아주 간단하면서도 놀라운 방법입니다. 이 방법은 운전중이나 설거지를 할 때, 복도를 걸어가거나 성행위를 하면서도 시도할 수 있습니다. 어떤 방법인지 한번 볼까요?

읽으면서 따라해보십시오. '몸 안의 감각'─근육이 어떻게 느껴지는지, 몸 안이 어떻게 느껴지는지─을 느끼는 것부터 시작합니다. 희미한 감각이라도 주의를 기울여봅니다. 분명하지는 않지만, 몸 속에서 어떤 것들이 느껴지는지 정신을 집중합니다. 그런 후에 여러분이 접촉하고 있는 것들에 대해 주목해봅니다. 이 책 위에 놓인 손(어깨에 힘을 빼고 편한 상태인지), 의자에 눌리는 등, 피부에 와 닿는 옷감의 감촉 등 이미 닿아 있는 것들의 느낌에 온 신경을 집중시켜보십시오.

조금 후 신경을 주위로 돌려봅니다. 주위를 둘러보고 냄새맡고 귀를 기울이십시오. 여러분을 둘러싸고 있는 것들에 신경을 집중시키십시오. 말 그대로 '감각들이 몰려올' 것입니다.

이 과정은 세 층위의 경험으로 이루어져 있습니다. 먼저 여러분의 내부(몸 속에 느껴지는 감각)가 활기찬지, 피곤한지, 편안한지 등입니다. 그리고 여러분이 접촉하고 있는 것, 즉 지금 만지고 있는 것, 얼굴에 느껴지는 공기 같은 것들입니다. 마지막으로 여러분의 주변환경, 즉 주위에 무엇이 있는지, 어떤 소리의 무슨 색깔, 무슨 움직임이 있는지 등입니다.

아무것도 기대하지 않고 판단하지 않는 상태에서 이 세 영역을 느끼다 보면 몇 가지 효과를 깨닫게 될 겁니다.

마음이 느긋해집니다.

지금 이 순간―이 순간의 아름다움, 이 순간의 풍부함―에 집중하게 됩니다.

우리 몸이 보내는 신호를 느끼게 됩니다. 그것은 우리 몸이 지금 필요로 하는 것이 무엇인지 알려주어 몸이 원하는 바를 하게 합니다. 다리를 쭉 편다거나, 화장실에 가거나, 음식을 먹는다든가 하는 등등의 것들이지요.

때때로 우리 마음은 너무 여러 가지를 한꺼번에 담아두느라 복잡해집니다. 마음을 고요히 만드는 최선의 방법은 지금 이 순간 구체적인 어떤 것에 정신을 집중하는 것입니다. 차를 운전하고 있다면 운전대의 감촉을 느껴봅니다. 설거지중이라면 그릇의 감촉을 느껴봅니다. 지금 아이와 함께 앉아 있다면 여러분의 몸에 기댄 그 조그맣고 귀여운 몸뚱이의 부드러움과 체온을 느껴봅니다.

휴식을 취하는 것과 달리 이 '기본을 느끼기'는 어디에서나 몇 초 만에 할 수 있습니다. 어느 정도는 연습과 수양이 필요하긴 하지만 마치 숨쉬기처럼 자연스러운 일이 됩니다. 실행해보십시오.

마음을 안정시키는 대단히 좋은 방법입니다. 어린아이들은 대개 이것을 할 줄 압니다. 굉장히 자연 친화적이고 부드러우며 겸손한 사람들도 마찬가지이며, 그들 가까이에 있는 것만으로 이것을 배울 수 있습니다. 이것을 자주 하게 되면 다른 방법들이 시들해질 것입니다. 잠깐 내가 딛고 서 있는 곳을 느껴봄으로써 지금 너무 서두르고 있는 건 아닌지, 흥분했는지, 스트레스를 받고 있는 중인지, 생각이 막혀 있는 상태인지를 알게 됩니다. 그런 후에는 자연스럽게 여러분이 있는 바로 그곳, 그 시간의 즐거움과 기쁨 속으로 되돌아가게 합니다.

자신만을 위한 시간

자신의 존재를 명확히 자각하지 못하면 다른 사람에게 사랑을 줄 수 없습니다. 그러한 자각은 그걸 느낄 틈이 있어야 가능합니다. 그래서 매일매일 자신만을 위한 시간을 가져야 하는 것입니다.

어떤 이들은 이런 시간을 가지기 위해 남들이 깨어 있지 않은 시각에 일어나거나 아주 늦게 잠자리에 듭니다. 또 어떤 이들은 부부가 약속하여 번갈아가며 그 시간을 가집니다.

부부가 같이하는 시간보다 자신만의 시간이 더 중요합니다. 나 자신을 제대로 추스르지 않고서는 배우자와 이어져 있기가 어렵기 때문이지요. 일단 나 자신이 행복해진 후에야 다른 사람에게 다가갈 수 있으니까요. 그렇지 않고서는 어려운 일입니다.

혼자만의 시간에 집안일을 하는 것은 그리 좋은 일이 아닙니다.

그러나 가끔은 다른 사람에게 아이들을 맡기고 혼자 대청소를 하면서 기분을 전환할 수도 있겠지요. 친구와 시간을 보내도 좋습니다. 그러나 TV 시청은 권장할 만한 방법은 아닙니다. 자신을 되찾기는커녕 TV에 정신을 빼앗기기 때문이죠. 편지나 일기 등의 글쓰기도 좋은 방법입니다. 영혼에 대해 관심이 있다면 기도나 명상도 좋은 방법입니다. 독서도 아주 좋습니다. 가벼운 와인 한 잔과 잡지책을 들고 욕조에 몸을 담그는 것도 멋진 일이지요. 숲길을 거닐거나 개를 데리고 마당을 산책하는 것도 좋은 일입니다. 누구에게나 자신만을 위한 시간을 보내는 방법이 있게 마련인데, 중요한 것은 그것을 정기적으로 실천하는 일입니다.

가족 나무

가족은 나무를 키우는 것과 같다. 뿌리는 자신의 어린 시절이며 스스로를 어떻게 보살피는가 하는 것이다. 줄기는 결혼생활과 배우자, 자녀들에 대한 의무이다. 나뭇가지는 매일의 활동들이고 자녀는 꽃과 열매이다.

우리는 최대한 자연 친화적으로 삽니다. 무공해 음식을 먹고 우리 지역과 세상을 더 안전하고 나은 곳으로 만들기 위해 일합니다.

우리는 춤을 추고 악기를 연주하고 노래합니다.

나는 내 아이들의 행동, 특히 서로의 권리와 느낌을 존중해주는가 아닌가에 대해 엄격합니다.

나는 내 아이들을 자주 껴안고 웃고 함께 놉니다.

나는 내 결혼생활을 잘 꾸려 나가려고 애씁니다. 내 배우자와 함께 하는 시간을 갖고 배우자를 이해하려고 합니다. 나 자신을 위해, 나의 배우자를 위해 그리고 나의 자녀들을 위해서 말입니다.

우리는 훌륭한 우정을 나누고 있습니다. 조부모, 이웃, 사촌들과 특별한 친구들은 우리의 고민을 들어주고 든든한 뒷받침을 해줍니다.

나는 내 아이들을 위험한 사람들과 폭력, 값싼 언론매체로부터 지킵니다.

나는 내 직업이 내 가족과 인생에 얼마만큼 방해가 되는지를 알고 그것을 조절하려고 노력합니다.

나는 내 아이들을 정말 좋아하고 아이들과 함께 시간을 보내는 것을 좋아합니다. 아이들은 (거의 항상) 내 기분을 좋게 만듭니다.

나는 돈이 많고 아이들과 함께 시간을 보낼 수 없는 삶보다는 차라리 가난하더라도 아이들과 함께 있고 싶습니다.

나는 나 자신을 보살피며 나만의 시간을 가집니다.

내가 어렸을 때 사람들은 내게 친절했습니다. 이제 나는 어른이 되어 그들이 내게 베풀었던 친절을 어린이들에게 베푸는 것이 즐겁습니다.

혹은 나는 힘든 어린 시절을 보냈으므로 뿌리에 물과 영양분을 주는 것이 얼마나 중요한지 압니다. 이 경험은 내가 좋은 일을 하고 나 자신을 돌보는 데 도움이 될 것입니다.

아이는 아이답게

> 오래 전, 학교에서 문제아들을 지도한 적이 있다. 하루는 휴식시간에 열두 살짜리 아이들 몇 명이 부서진 가구가 산더미처럼 쌓여 있는 뒤쪽으로 사라졌고 곧 킥킥거리는 소리와 수선스럽게 움직이는 소리가 들렸다. 나는 이 아이들이 도대체 무슨 '못돼먹은' 짓을 하는지 알아보기 위해 살짝 들여다보았다. 아이들은 일종의 놀이용 나무집 같은 걸 만들어놓고 그 안에서 도시락을 나눠먹고 있었다! 아이들은 함께 먹자며 나를 불렀지만, 나는 그냥 미소만 짓고는 혼자 부끄러움을 느끼며 돌아섰다. 나는 그 아이들이 한창 놀아야 할 어린애들이라는 걸 잊고 있었던 것이다.

지난 20년간 아이들에게 일어난 교묘하면서도 가장 심각한 피해는 어른들이 이들의 유년기를 빼앗았다는 것입니다. 그렇게 된 데에는 다음과 같은 여러 가지 이유가 있습니다.

1. 방송매체의 폭력

매일매일 보는 방송의 뉴스와 오락 프로그램들에는 공포, 두려움, 슬픔과 고통들이 넘쳐납니다. TV 화면은 크기가 작으므로 우리의 시선을 붙들어두기 위해서는 쇼킹한 것을 내보내야 합니다. 방송매체는 보는 사람이 육십대 노인이건 어린아이건 상관없이 같은 메시지를 내보냅니다. 아이들과 전혀 상관도 없고 앞으로도 아무런 관련이 없을 부정적인 것들을 아이들의 머릿속에 잔뜩 퍼넣고 있는 셈입니다.

2. 빡빡한 생활

많은 가족들이 매일 저녁마다 그리고 주말에 아이들을 데리고 운동, 음악, 문화생활, 공부에 도움이 될 만한 장소를 찾아다니고 있습니다. 이 모든 특별활동에다 숙제까지 겹치면 아이들은 아이답게 놀 시간이 전혀 없게 되지요. 지금 우리의 모습은 이제까지의 세대 중에서 가장 꽉 짜인 생활을 하는 세대가 아닌가 싶습니다. 해결방법은 하나, 아이가 한 가지 활동만 하게 하는 것입니다.

3. 경쟁 노이로제

앞의 '빡빡한 생활'에서 언급된 문제들 중 한 부분이 확대된 것입니다. 인생에 대해 아이들이 흔히 갖는 이미지가 '절박한 경주'라는 것입니다. 유치원 때부터 갖는 불안과 남들에게 멋지고 훌륭하게 보이려는 강박관념이 학교생활까지 이어집니다. 뛰노는 것 대신 경쟁적이고 조직적이며 돈이 많이 드는 운동을 시작합니다. 일곱 살짜리가 점수를 비교하고 자기가 얼마나 잘하고 있는지 걱정하며 경기에서 이기기를 기도합니다. 미친 짓 아닐까요?

4. 부모는 괴로워

이 모든 것을 제공하느라 부모들은 지나치게 바쁘고 아이들과 놀아주기에는 시간과 기력이 모자랍니다. 늘 긴장하고 화를 잘 내고 아이들에 대한 자신감이 없습니다. 아이와 많은 시간을 같이 하지 못한다는 죄책감 때문에 더 많은 것을 사주고, 더 많은 곳에 데리고 다니고, 그래서 그 돈을 벌기 위해 더 열심히 일해야 합니다.

5. 위험한 세상

1950년대의 어린이들은 아침밥상에서 숟가락을 놓자마자 뛰어나가서 동네와 근처 야산에서 소리지르며 저녁때까지 놀았습니다만 오늘날의 우리는 교통사고나 낯선 이들, 범죄로부터 아이들을 지켜야만 합니다.

환경보호주의자적인 관점으로 본다면 우리 아이들의 유년기를 녹색으로 되돌려야 합니다. 우리는 아이들에게 아주 조금만 남아 있는 자연적이고 야성적인 성격을 보호해야 합니다. 그러기 위해서는 불필요한 억압이나 어린이다움을 침해하는 것들을 제거하는 노력이 필요하지요. 우리는 아이들의 인생에 끼어든 공해와 오염을 제거해야만 합니다.

아이를 아이답게 해주는 실마리들

- 간단한 놀이를 할 수 있는 시간과 공간, 놀잇감을 마련해줍니다. 플라스틱 장난감은 싸고 깨끗하지만 진흙이나 이면지, 찰흙, 물 등이 훨씬 좋은 장난감입니다. 아이들은 이런 것들을 가지고 놀면서 아무 얽매임 없이 자기가 좋아하는 것에 대한 취향을 기르고 마음껏 상상력을 발휘할 수 있지요.
- 적당히 지루하게 만들어줍니다. 아이들은 컴퓨터, 비디오, 교육 프로그램 등에 익숙해 있으므로 혼자서 스스로 놀 수 있게 되기까지는 어느 정도의 시간이 필요합니다. 처음엔 심심하다고 보

챌 수도 있습니다.

• 뛰어노는 것은 그 자체만으로도 가치가 있는 일입니다. 심리학자들은 이것이야말로 어린이들이 자기들의 세계를 만들고, 생각한 것을 행동으로 나타내고, 두려움을 극복하고, 인간관계를 형성하는 것이라고 밝히고 있습니다.

• 뛰어노는 것은 또한 모든 창의력과 발명정신의 원천입니다. 위대한 음악가들, 과학자들, 연인들, 예술가들, 경영인들은 자신의 아이디어와 노력을 가지고 놀 줄 아는 능력을 지닌 사람들입니다.

• 여러분도 놀 수 있습니다. 어려움에 부딪쳤거나 인생의 과도기를 넘고 있는 어른들은 창작활동, 음악, 자연 속의 장소들, 움직이는 것, 야외에서의 활동 등을 통해 도움을 받을 수 있습니다.

• 저녁 뉴스를 보지 말 것. TV를 내내 켜놓지 마십시오. 프로그램을 선택해서 보고, 끝나면 곧바로 끄십시오. 아이들에게 TV를 하루 한 시간씩만 시청하게 하고 그 프로그램은 아이들이 선택하게 하십시오.

• 가족 전체의 생활 스타일을 고려해서 이런 질문에 답해보십시오. 지금 살고 있는 곳, 살아가는 방식, 직업에 정말 만족하십니까? 자신의 인생을 더 즐겁게, 단순하게, 그러면서도 자극적이고 풍부한 것으로 만들 수 있는 대안이 있습니까? 우리가 살고 있는 이 시대는 아마도 온 세상이 '긴장을 풀어야 할 때'가 아닌가 싶습니다. 아이들의 존재는 우리가 이렇게 할 수 있는 좋은 이유가 됩니다.

간혹 아기가 태어나서 정신없이 바쁠 때가 있습니다. 아이에게 필요한 것들을 마련하기 위해서지요. 집을 늘리거나 수리하고, 교육비를 벌어놓기 위해 야근 특근도 마다하지 않습니다. 그러나 아이들에게 정말로 필요한 것은 바로 우리들, 즉 부모입니다!

직업상 스트레스에 짓눌린 가족들과 상담을 하다 보니, 제 인생을 바쁜 일들로 낭비하지 않아야겠다는 자극을 많이 받았습니다. 가장 단순하면서도 폐부를 깊숙이 찌르는 날카로운 아픔을 주는 일이 있습니다. 아이들이 목숨을 잃는 일이지요. 만약 미래를 위한 일을 하느라고 현재에 일어나는 일들과 현재의 소중한 것들을 놓쳐버린다면 우리는 훗날 큰 슬픔을 느끼게 될 것입니다.

아이들을 위하는 가장 좋은 방법은 아이들과 함께 있는 것을 즐기는 것입니다.

새로운 발견 — 어린이들에게 필요한 새 비타민

우리는 매일매일 살아가는 데 필요한 비타민이 A부터 K까지 있다는 것을 알고 있다. 최근 과학자들이 이 비타민들 못지 않게 우리 몸에 필요한 비타민을 새로 발견했다는 소문이 들린다. 그 새로운 필수 비타민들은 다음과 같다.

비타민 M — 음악(music). 젊은 부모들이 자연스럽게 자주 들으며 가족 식단에 즉시 올릴 수 있다. 멋진 음악을 틀어놓고 거실에서 아이들과 춤을 춰보라. 그것도 자주. 아이들이 너무 어리면 안고서 추면 된다. 차 안에 있을 때는 제일 좋아하는 테이프를 틀어놓고 노래를 부를 것. 간단한 악기를 하나 마련하는 것도 좋다. 아이들에게 음악 레슨을 시킨다면 아이가 만족하고 있는지가 제일 중요하다. 최소한 재미있게 생각해야 한다. 한편, TV나 라디오를 계속 켜놓는 것은 위험하다. 아이들이 듣지 않고 흘려버리는 습관을 갖게 되니까.

비타민 P — 시(poetry). 동시나 운율이 있는 짧은 글을 아이들에게 가르칠 것. 아이가 조금 자라면 가족들이 모인 자리에서 짧은 시를 낭송할 수 있다. 시 낭송 테이프를 들려주면서 흘러나오는 목소리를 음미하게 할 것. 좋은 시는 아이들에게 마술과 같은 감동을 준다.

비타민 N — 자연(nature). 아이들로 하여금 사람의 손길이 전혀 닿지 않은 자연을 경험할 기회를 주라. 아직 어린아이들의 경우 뒤뜰도 괜찮다. 많은 벌레들, 기어다니는 것들, 새들이 와서 앉는 나무들이 있으니까. 그러나 가능하다면 숲이나 바닷가로 가도록 한다. 석양을 감상하고 캠프를 만들라. 이 비타민 N

은 영적인 세계를 뜻하는 비타민 S(영혼, spirituality)와도 통한다. 비타민 S는 때로 교회나 절, 사원 등에서 얻을 수 있다. 컴퓨터 게임이나 도시생활, 너무 많은 놀이동산들, 즐거움을 돈으로 살 수 있다는 생각 따위로 인하여 비타민 N은 이제 사라질 위기에 처해 있다.

비타민 F — 즐거움(fun). 어디에나 있는 우주에서 제일 흔한 비타민. 아이에게서 어른으로 또 어른에게서 아이로 가는 것. 직장이나 일터에 원래부터 존재하는 것은 아니지만 몰래 갖고 들어갈 수는 있다. 사람들이 시계를 차게 되면서부터 사라질 위기에 처해 있다.

비타민 H — 희망(hope). 희망은 자연스럽게 생기는 것이므로 독약들에 노출되어 사라지지 않게만 주의하면 된다. 뉴스 시청이나 신문 읽기를 피해야 한다. 자녀들 특히 십대 아이들 곁에서 싫은 소리를 하면서 시간을 보내느니, 차라리 뜻있는 일을 하는 단체에 가입하여 세상을 변하게 하는 데 동참하라. 그린피스나 야생동물보호협회 등의 출판물과 팜플렛은 대단히 긍정적인 메시지를 담고 있다. 부모가 적극적으로 이런 활동에 참가하면 아이들이 정신적으로 더 건강해지고 세계나 미래를 보는 시선이 더 긍정적으로 변하며 자신들도 참가하고자 하게 된다.

3 엄격한 사랑
—바른 태도를 지닌 아이로 키우기

사람들이 훈육·훈계라는 말을 다시 쓰기 시작했다는 것은 일종의 사건입니다. 자녀들을 마냥 자유스럽게 풀어 키우던 1960년대를 지나온 우리들에겐 정말 놀라운 반전이었지요. 지난 20년 동안 그 단어는 광고에나 등장하는 정도였습니다. 그러나 이제 가족 잡지를 뒤적이거나 서점가를 둘러보면 자녀훈육이라는 개념이 다시 등장한 것은 확실한 것 같습니다. 오늘날의 가정에선 부모들이 아이들을 피해 한숨 돌릴 만한 공간이 따로 필요할 지경에 이르렀습니다. 이제 행동할 때입니다. 우리의 가정을 되찾읍시다!

왜 아이를 혼내야 할까요?

윽! 그들이 집 앞에 도착했습니다. 제일 친한 친구와 그녀의 아들입니다. 소파에 잼을 바르고 커튼에 낙서하고 집에서 기르는 사나운 개가 무서워하는(?) 아이…… 문을 열어줘야 할까요? 어디로 숨어버릴까요?

훈육의 중요성은 이상하게도 버릇없는 행동을 볼 경우에야 느끼게 됩니다. 누구나 완전히 처치곤란일 정도로 말썽을 피우는 아이를 적어도 한둘은 알고 있습니다. 우리 가운데도 많은 이들에게 그런 자녀가 있습니다! 상황에 따라 아이가 협조해주어야 할

때 그러지 않는다는 것이 대다수 부모들의 고민입니다. 오늘날 대부분의 부모들은 이 훈육이라는 문제에 대해 혼란을 느끼고 있습니다.

반면 몇몇 부모들은 이 문제에 관하여 어떻게 해야 할지 잘 알고 있는 것 같습니다. 그 비결이 뭘까요? 이 부모들이 어린 자녀에게 "이리 오렴" 하면 아이들이 정말로 옵니다! 그 집을 방문해보면 입이 딱 벌어질 정도입니다. 그 집의 열 살짜리 아이는 식구들을 위해 식사를 준비하기도 합니다. 그 집의 십대 아이는 밖에서 전화를 해서 집에 일찍 들어오겠다고 말합니다. 그리고 그 아이들은 쥐가 무섭다고 호들갑을 피우지도 않습니다. 아이들은 행복하고 낙천적이며 안정되어 있습니다. 도대체 부모가 어떻게 한 걸까요?

부모들이 예절바르게 행동하는 아이를 바라는 이유는 한 가지

입니다. 그래야 좀더 편히 생활할 수 있으니까요. 아이가 해달라는 대로 다 해준다고 해서 생활이 편안해지지는 않습니다. 해서는 안 되는 것의 경계를 짓는 데 미온적인 부모들은 아이들의 버릇이 점점 더 나빠지는 것을 보게 됩니다. 명확한 규칙이 없으면 부모와 아이가 하루 종일 서로를 괴롭히게 되고 나중엔 식구 모두가 언짢아집니다. 반면에 효과적인 훈육방법을 이용해서 문제를 곧 해결하면 다시 행복해질 수 있습니다.

그러나 그 이상을 봐야 합니다. 우리는 단지 우리 자신만을 위해— '법과 질서'를 확립하기 위해—아이의 버릇을 잡거나 혼내는 것은 아닙니다. 모든 것이 규칙적으로 맞아떨어지는 생활을 원한다면 아이를 아예 갖지 않는 게 낫지요. 훈육의 진짜 목적은 자녀들이 세상을 행복하고 쉽게 살아가도록 가르치는 데 있는 것입니다.

부모가 어느 정도 엄격하지 않으면, 아이는 스스로를 조절하지 못하고 다섯 살, 열다섯 살, 스물다섯 살이 되어도 두 살배기 아이처럼 행동하게 됩니다. 스스로를 조절하지 못하면 아이의 인생은 엉망이 되지요. 아이들의 응석을 다 받아주는 부모는 아이가 진짜 세상에서 살아가게 하는 데 아주 심각한 장애를 입힌다고 보면 됩니다. 이 아이들은 불행하고 실업자 신세에 결혼도 못 하고 외롭고 늘 화를 내고 심지어는 감옥에 가게 될 수도 있습니다. 스스로를 통제하도록 잘 교육받은 아이는 이와 반대로 세상에 대처하는 법을 배우고 말썽과 동떨어진 생활을 하여 마침내는 진정한 자유를 누립니다.

훈육은 결국 다른 사람들과 어떻게 잘 어울려 지내는가 하는 것

입니다. 사랑 다음으로 자녀에게 줄 수 있는 중요한 선물이지요. 그렇다고 해서 글자 그대로 한없이 딱딱한 규칙만 늘어놓으라는 뜻은 아닙니다.

제가 권하는 훈육의 방식은 '엄격한 사랑'입니다. 그것은 아이를 사랑하기에 아이 일에 끼어드는 것입니다. 엄격한 사랑을 적용하는 부모는 "너를 사랑한단다. 그래서 이렇게 행동하지 못하게 하는 거야"라고 말합니다. 사랑과 엄격함을 적절히 조화시키면서, 결코 아이를 때리거나 상처를 주거나 비난하지 않습니다. 그러나 엄격하고 단호합니다.

'서서 생각하기'와 '대화'

대체 그 기적 같은 방법이 무엇인지 궁금할 겁니다. 자세한 설명을 하지요. 엄격한 사랑은 두 가지 방법을 주로 씁니다. 첫째는 '서서 생각하기'이고, 둘째는 '대화'입니다. 이 두 가지 방법은 두세 살짜리 어린아이들에게도 적용할 수 있고 아이들이 자람에 따라 조금씩 변화를 줄 수 있습니다. 심지어 청소년과 성인에게도 쓸 수 있습니다. 실제로 '서서 생각'하는 능력과 '대화'하는 능력은 아이가 어른이 되었을 때 내면의 힘이 되어 모든 일을 처리하는 데 있어서 성숙하고 사려깊으며 현명한 사람이 될 수 있도록 도와줍니다.

어떻게 하는지 알아볼까요?

혜림이와 씨름하기

생후 20개월인 혜림이는 오디오 뒤에서 전선을 만지며 놀고 있었다. 심각하게 얘기를 나누고 있던 엄마 아빠가 그것을 보고 소리쳤다. "혜림아! 그 스위치 만지면 안 돼. 이리 와서 네 장난감 갖고 놀아."

혜림이는 아랑곳하지 않았고, 엄마는 일어서서 딸에게 갔다. "혜림아, 스위치에서 손을 떼라니까. 이리 와." 혜림이는 엄마를 쳐다보며 그 유명한 '그래서 어쩌겠다는 거야?' 하는 표정을 지었다. 엄마는 한 번 더 말했다. "스위치에서 손 떼렴." 혜림이는 오디오의 전선으로 몸을 돌리며 "싫어, 싫어, 싫어" 하고 종알거렸다.

지금껏 이렇게까지 말을 안 들은 적은 없었다. 말썽을 피우다가도 금방 관심을 돌리거나 엄마 말을 듣곤 했다. 그런데 그날은 '버릇들이기'—훈육과 관련된 말썽을 처음 일으키는 것이었다. 혜림이는 엄마 아빠가 자기와 실랑이를 하게 만들었다고 좋아하고 있었다.

이제 조치를 취할 때가 왔다. 혜림이의 엄마는 재빨리 딸을 뒤에서 안아올려 거실의 한구석(혜림이가 혼자 놀 수 있게 만든 공간. 아이가 있는 집이라면 이런 공간을 마련해야 한다)으로 데려갔다. 혜림이는 가는 동안 소리를 지르고 발버둥을 치며 마구 엄마를 때렸다.(이것 때문에 뒤에서 안은 것이다!) 엄마는 딸이 다치지 않도록 안전하게 꽉 잡고는 "네가 조용해질 준비가 되면 나와도 좋아"라고 말했다.

혜림이는 우리가 익히 알고 있는 여러 가지 '반항'을 계속했다. 침을 뱉고 이빨로 물려고 하고 저녁에 먹은 것을 토하려고 하는 등. 어떤 아이들은 숨을 멈추고 엄마 아빠를 불러대기도 한다. 혜림이는 지금껏 한 번도 맞아본 일이 없고, 맞는다는 것에 두려움도 없다. 혜림이는 잔뜩 화가 났다. '누가 감히 나를 이렇게 만들 수 있담!' 아이는 방 저편에 앉아 있는 아빠를 쳐다보았다. "아빠 도와줘요!" 아빠는 혜림이의 공간으로 와서 혜림이를 안아주고 나서는, 조용하고 확실한 목소리로 엄마가 했던 말을 반복한다. "혜림아, 넌 스위치 있는 데 가서 놀면 안 돼." 10분쯤 지난 것 같으나 사실은 1분이 지난 후, 혜림이는 조용해졌다. 엄마는 그 동안 내내 부드러운 목소리로 "네가 조용해질 준비가 되면 나와도 된다"고 말했다. 엄마는 직접적으로 "이제 스위치에서 떨어져 놀 거니?" 하고 물었고 혜림이는 냉큼 "응!"이라는 대답을 했다.

엄마 아빠는 함께 "우리 혜림이 참 착하구나" 하고는 딸이 어떻게 하는지 지켜보았다. 혜림이는 스위치를 쳐다보았다. 그리고 엄마 아빠를 쳐다보고 거실의 다른 쪽에 있는 장난감들도 보았다. 그리고 나서 장난감이 있는 곳으로 뿔뿔 기어갔다. 엄마 아빠는 안도의 숨을 크게 쉬고는 자리에 앉았다. 혜림이는 그 다음주에 '스위치 가지고 노는 것'을 다시 한번 시도했으나, 하지 말라고 하니까 그만두었다.

　혜림이는 다섯 살이 될 때까지 온갖 이유로 '생각하는 구석자리'를 들락날락할 것이다. 세 살 반쯤 되면 그 자리로 가라고 할 때 스스로 가서 조용히 기다리며 자기가 어떻게 해야 하는지 생각할 것이다. 여섯 살쯤 되면 생각하는 법, 행동을 고려하는 법, 다른 사람의 기분을 헤아리는 법을 배울 것이며 그러면서 행복하고 자연스럽고 낙천적인 아이가 될 것이다.

비난하지 않고 상처나 두려움도 주지 않고

어린 혜림이에게는 이것이 놀라운 사건이었지만 단지 1분여 동안만 자존심에 흠집이 났을 뿐입니다. 아이가 어릴 때는 가끔씩 한 대 때려야 할 때가 있지요. 그럴 땐 신중한 방법으로 아이가 무서워하지 않도록 해야 합니다. 슈퍼마켓에 계속 있고 싶어서 소리지르는 아이를 안고 나올 때, 자고 있는 개의 귀에다 음료수를 붓는 걸 못 하게 할 때, 놀이방에서 난투극을 벌이는 아이를 떼어놓을 때, 그러면 안 된다는 걸 가르치기 위해서 한 대 때려야 되는 순간이 옵니다. 이때는 말과 행동을 일치시켜서 보여줘야 합니다. 아무리 화가 나더라도 상처를 주지 않으면서 조용히 동작을 취해야 합니다. 사실, 이성을 잃기 전에 조치를 빨리 취하는 게 좋지요. 만약 이성을 잃었다면 아이를 따끔하게 혼내는 것은 잠깐 뒤로 미루고, 우선 화가 가라앉을 때까지 아이를 자기 방에 있게 하십시오.

여러분은 곧 아이에게 집 안에 정해놓은 어떤 자리에서 '서서 생각해보라'고 할 수 있게 됩니다. 아이들은 어쩔 수 없이 그렇게 합니다만, 오래 걸리지도 않고 큰일도 아니고 벌도 아니라는 것을 알게 됩니다. 그냥 말썽이 생길 때 취하는 조치로 받아들입니다. 중요한 것은 아이 스스로 부모가 받아들일 수 있는 해결책을 찾게 하는 것입니다.

아이가 못돼서인가, 넘치는 기운을 주체하지 못해서인가?

인간의 몸은 보기만 해도 움직이기 위해 만들어졌다는 걸 알 수 있다.

브루스 챗윈은 그의 저서 『송린 족(族)』에서, 칼라하리 사막에 사는 부족은 아기들이 걸음마를 배우기도 전에 평균 4천 킬로미터 정도를 업거나 안아서 이동한다고 썼다.

우리 몸은 매일 몇 킬로미터씩을 움직이도록 만들어져 있다. 그러므로 어른이나 아이나 가만히 있으면 좀이 쑤시고 지루해지는 것이다. 특히 아이들이 컴퓨터 게임을 하거나 TV에서 자극적인 프로그램을 보게 되면 더 좀이 쑤셔서 못 견디게 된다. 화면 속의 동작들이 아드레날린을 분비하게 만드는데 그 아드레날린이 갈 데가 없기 때문이다. 아이들은 밖에 나가서 몸을 온갖 모양으로 움직이며 놀거나 운동해야 하는 것이다.

작업요법 전문가인 케리 앤 브라운에 의하면 사람들의 읽기 능력, 글씨체, 자세, 근육의 협응능력 등은 어린 시절의 달리기, 등산, 뜀뛰기, 잡기놀이, 에너지의 발산 등에 달려 있다고 한다. 어린 시절에 하는 이 모든 활동이 두뇌와 근육 발달에 도움을 주어 나중에 펜을 잡는 것같이 근육이 미세하게 움직이는 활동에까지 영향을 미치는 것이다. 심지어 아기를 포대기나 띠로 업어주는 것도 아기의 근육 발달에 도움이 된다고 한다. 아기들이 아빠와 함께 거칠게 뒹굴며 노는 것도 마찬가지다.

아이들이 팔짝팔짝 뛰며 놀 수 있는 트램펄린이나, 아이들이 기어오르거나 이리저리 흔들면서 놀 수 있는 기구들은 안전하게 잘 설계되어 있기만 하다면 아무리 비싸도 살 만한 가치가

> 있다.
> 　공원도 훌륭한 도움이 된다. 따뜻하고 안전한 장소에 햇볕을 가려주는 그늘과 어른이 앉아서 지켜볼 수 있는 의자를 갖춘 놀이터를 만들어달라고 구청이나 시청에 건의할 수도 있다. 공원은 집에서 가깝고 젊은 엄마들이 불안을 느끼지 않을 만큼 안전해야 한다. 울타리가 쳐져 있어서 부모가 설령 잡지를 읽는다 해도 아이들이 제멋대로 길을 잃을 염려가 없어야 한다. 깨끗한 화장실이 갖춰져 있다면 그야말로 금상첨화.
> 　몸이 근질근질해지면 공원에 가보라. 나는 토요일에 간단한 간식을 싸서 아이들을 데리고 놀이터에 자주 다녔다. 아이들이 아주 만족해하고 비용도 거의 들지 않는다.

낡은 방법을 넘어서

　오랫동안 아이를 훈계하는 데에는 다음 세 가지 방법이 주로 쓰였습니다. 겁을 주거나, 때리거나, 상처를 주는 것이지요. 나중에는 때리는 체벌을 피하기 위해 아이를 비난하거나 수치심을 느끼도록 했지요. 요즘에는 '잠깐 멈춤' 같이 잠시 따로 있게 하는 방법을 사용합니다. 어른을 감옥에 보내는 것이 아무 도움이 되지 않듯이, 이렇게 격리시키는 방법 역시 아이들이 얻는 교훈이 없습니다. 지극히 미미한 변화가 있을 뿐이지요.
　엄격한 사랑은 이 모든 것을 초월합니다. 즉, 훈육은 아이들 문제에 직접 끼어들어 가르치는 것이란 점을 인식하는 것이죠. 벌을 주는 것이 아닙니다. 엄격한 사랑의 '서서 생각하기'와 '대화'의 큰 장점은 아이를 때릴 필요가 없다는 겁니다.

여러분의 아이들, 더 나아가 언젠가는 이 세상의 모든 아이들이 성장하면서 부모를 두려워하지 않아도 됩니다. 좋은 일이라고 생각하지 않으세요?

엄격한 사랑은 아이들을 분명하게 다루고 약간의 불편을 감수하게 하지만 고통은 주지 않는 것입니다. 엄격한 사랑은 아이들이 스스로 더 나은 길을 찾도록 도와주는 것입니다.

또다른 예를 볼까요?

인호는 완두콩을 먹는다

어느 가족의 이야기. 영수씨와 은영씨에겐 인호라는 아들이 있다. 인호가 네 살이니 이제 외식을 할 수 있겠구나 생각했고, 아이가 있다고 해서 형식을 갖춰야 하는 고급 식당에 못 갈 이유가 없다고 생각했기에 멋진 레스토랑에서 오붓한 저녁식사를 하기로 했다.

계획대로 모든 것이 순조로웠고 막 식사를 시작할 때였다. 인호는 못마땅했다. 엄마와 아빠가 서로를 쳐다보기에 바빠 자기는 안중에도 없는 것 같았기 때문이다. 또 지루하기도 했다. 그래서 접시 위의 완두콩을 튕기기 시작했다. 아빠가 속삭이며 주의를 주었다. "완두콩 갖고 장난하지 마라." 아빠의 말 속에는 또다른 메시지가 담겨 있었다. '여기서만큼은 그러지 마. 다른 사람들이 보는데.' 인호는 완두콩 하나를 또 튕겼다. 엄마는 주위를 둘러보고 아빠는 엄마를 쳐다보았다. 위기가 왔다.

아빠인 영수씨는 단호했다. "보통때처럼 먹어라. 안 그러면 벽 옆에 서 있게 할 거다." 인호는 완두콩 하나를 더 튕겼다. '믿을 수 없군! 남자아이들은 꼭 아버지가 화가 나서 본때를 보이기를 바라는 것 같아.' 영수씨는 그의 본때를 보였다. 그는 인호를 데리고 부드러우나 엄격하게, 책에 쓰인 대로 40여 명의 놀란 손님들 곁을 지나서 식당 구석에 세워두었다. "네가 앉아서 제대로 식사를 할 준비가 되면 다시 와서 데려가겠다." 영수씨는 이렇게 말하고 조용히 그의 자리로 돌아갔다.

인호는 이 모든 것에 조금 놀라고 풀이 죽었다. 곧 어깨를 축 늘어뜨리고 식당 저편의 엄마 아빠를 초조하게 쳐다보았다. 아빠는 다시 와서 아들에게 물었다. "대화할 준비가 됐니? 네가 뭘 잘못했지?" "완두콩을 튕겼어요." "이제 어떻게 할 작정이니?" "보통때처럼 먹을래요." "좋아, 잘 생각했다." 그리고 그들은 자리로 돌아왔다.

나지막하게 우와! 하고 감탄하는 소리가 식당 여기저기서 들려왔다. 부부끼리의 외출을 위해 베이비시터에게 몇만 원씩이나 지불하고 온 다른 부모들은 냅킨 위에 그 대화 내용을 적었다. "대화할 준비가 됐니? 네가 뭘 잘못했지? 이제 어떻게 할 작정이니?"

인호가 그전에 '서서 생각하기'를 해본 적이 없는 아이였다면 사건이 벌어졌을 때 차라리 식당 밖으로 데리고 나오는 게 나을지도 모른다. 아이가 소리지르고 떼를 쓸 테니까, 식당의 다른 손님들을 생각해서 아이를 밖에서 야단치는 게 나을 것이다. 인호는 부모가 엄격하게 말하고 분위기가 갑자기 바뀌자

> 얌전해지는 게 낫겠다는 것을 깨달았다. 영수씨는 그 위기를 아이에게 가르침을 줄 수 있는 기회로 삼았고, 앞으로 외식을 할 수 있을 것인지 아닌지가 그 순간에 달려 있다는 것을 알고 있었다.

'서서 생각하기'와 '대화'의 이용법

1. 준비가 필요합니다. 무엇이 잘못되었나, 아이들이 이 문제를 어떻게 처리하게 해야 하나를 여러분 자신에게 질문해보십시오. 다시 말하면, 시작하기 전에 분명한 목표를 세우십시오.

2. '서서 생각하기'는 그 자체로 하나의 기술이 됩니다. 걸음마를 시작한 어린아이의 경우 정해진 장소로 데려가서 잠시 있게 하는 것만으로 충분합니다. "네가 말을 들을 준비가 될 때까지 여기 있어야 해. 마음이 가라앉으면 나와도 된다"고 말하십시오. 혹은 아이를 붙잡고 "네가 가라앉으면 곧 풀어주겠다"고 하십시오. 아이가 뉘우치는 기색을 보이거나 잘못했다고 중얼거리면 풀어주십시오. 아이가 뉘우치거나 자기 행동을 바로잡는 것을 쉽게 할 수 있도록 해주어야 합니다. 예를 들어 아이가 벽에다 장난감을 던지면 그걸 장난감 상자에 담아 갖고 오게 하는 식으로 말입니다.

3. 아이가 좀더 자라면(만으로 2, 3세 이상) '대화'가 더 중요해집니다. 아이들 스스로가 이제 어떻게 할 건지 말을 하고, 다르게 행동하겠다고 부모를 설득시킬 수 있어야 합니다. 아이들은 대화

하는 것을 배우게 됩니다. 아이가 해야 할 일을 일러주십시오. "거기에서 왜 네가 이런 말썽을 일으켰는지 생각해봐. 네가 그 이유를 생각해내면 함께 얘기해보자."

4. 대화를 할 때 다음과 같은 질문을 해보십시오.

가) "네가 뭘 했지?" 자신의 행동에 대해 숨김없이 다 말하도록 합니다.

나) "네 기분이 어땠는데?" "뭐가 불만이었니?"

다) "네가 원하는 걸 하려면 넌 어떻게 했어야 했지?"

아이들이 더 나은 방법을 알고 있습니까? 이 문제에 대하여 전에 이야기한 적이 있었는지요? 어쩌면 아이들이 원하는 것을 얻을 수 있는 다른 방법을 먼저 가르쳐주어야 할지도 모릅니다. 예를 들면 다른 아이들이 노는 데 참가하게 하거나, 장난감을 공평하게 갖고 놀기 위해 타이머를 사용하게 하거나, 장난감을 아기들 손이 닿지 않는 곳으로 치울 수 있습니다.

라) "이제 앞으로 어떻게 할 거니?" 약속을 하게끔 하십시오.

마) "네가 약속을 지키는지 안 지키는지 보고 싶다. 지금 한번 해볼래? 이번엔 제대로 하기다."

5. 해피엔딩으로 끝내십시오. '대화하기'를 제대로 했을 때의 장점은 문제가 해결된다는 겁니다. 여러분이 지금 어느 정도의 시간을 투자하는 것으로 같은 문제가 다시 일어나지 않게 됩니다. 일어나더라도 한두 번으로 끝나지요. '대화하기'를 마친 후 부모와 아이의 기분이 좋다면 성공한 겁니다. 모두가 즐거운 보상을 받은 것이죠.

아주 새로운 방식

이 방법들은 과거에 쓰였던 훈계나 버릇들이기의 형태와는 매우 다릅니다. 우리의 어린 시절을 돌아보면 좋게 혼났던 기억은 별로 없지요. 산업혁명 이후의 자녀양육 방법은 어린이들에게 잔인하게 느껴지거나 스트레스를 주는 경우가 많았습니다. 예전의 부모들은 대다수가 부모로서의 기술이 부족했고 자신들이 받았던 방식을 가끔 별 생각 없이 그대로 되풀이했습니다. (자신들이 어렸을 때 지독하게 싫어했는데도 말입니다.)

엄격한 사랑으로 혼내는 방법을 완전히 이해하고 실천한다면 아이에게 상처를 주거나 수치심을 느끼게 하고 겁먹게 할 필요가 없습니다. 이 방법은 전 세계적으로 확산되는 새로운 흐름입니다. 훌륭한 부모들은 시대가 변하는 속에서 이러한 방법을 직감적으로 발견합니다. 그러나 지금까지는 '엄격한 사랑'으로 훈육하는 방법이 누구나 배울 수 있는 구체적인 설명으로 있었던 것은 아니었습니다.

엄격한 사랑의 방법은 어린이를 존중하고 폭력을 쓰지 않으면서도 부모가 주도권을 가지는 방법입니다. 저는 이 방법이 자녀양육의 혁명을 가져오리라고 믿습니다. 그래서 강하고 애정이 깊고 믿음직스러운 미래의 어른을 길러내는 이 일이 훨씬 쉽고 즐거워지리라고 기대하고 있습니다.

아이들이 협력하게 만드는 세 가지 요령

아이들과의 대결을 피할 수 있는 길이 있습니다. 앞으로 생길 수 있는 일을 미리 예상하고 대처하면 아이들과 갈등을 일으키게 되는 상황 자체를 방지할 수 있는 거지요. 어린아이들의 경우 처음에는 '서서 생각하기'를 하루에 열두 번도 더하게 됩니다. 그러나 아이들은 미리 경고를 하거나 하나 둘 셋을 셀 때까지 자기 행동을 바로잡는 것을 금방 배우지요. 경험이 많은 부모들은 아이들의 행동에 대해 미리미리 생각함으로써 문제 발생을 미연에 방지하고 있습니다. 또 문제가 일어나도 아이들의 자기 욕구를 충족시키는 다른 방법을 제안함으로써 대결이 일어날 소지를 최소화시킵니다. 이 말은 결국 아이들이 만으로 서너 살이 되면 이런 방법을 써야 하는 경우가 하루에 한두 번으로 그치게 된다는 얘기입니다. (사실 부모의 기력을 그런 일에 소모시킬 필요는 없지요.) 이제 상황에 따라 갈등을 피하는 방법 세 가지를 알려드리겠습니다.

예방

부모와 아이들 간의 갈등 중 많은 부분은 스트레스나 지나친 피로 그리고 허기에서 옵니다.

아이들을 데리고 외출할 때는 나가기 전에 배를 든든히 하고, 일단 외출한 후에는 간식을 자주 먹게 합니다. 단, 특별한 경우를 제외하고는 지나치게 단 음식이나 색소가 들어간 식품은 피하십시오. 설탕이 많이 든 음식을 먹게 되면 아이들은 기운이 넘쳐 다루기 어려워집니다.

그리고 시간을 미리 짐작해서 지체하지 않도록 하고, 급하지 않은 일은 생략해서 서두르지 않도록 합니다. 걸음마를 갓 시작한 아이의 경우 생활을 단순하게 만들어야 합니다. 간단한 일도 아이와 함께라면 시간이 많이 들게 마련이니까 여유를 가지십시오.

하루하루를 규칙적이고 즐겁고 리드미컬하게 만들어서 아이들이 규칙적인 생활에 익숙해지도록 해줍니다. 학교나 유치원에 갈 나이가 되면 아이가 옷을 입은 다음에 아침을 먹도록 합니다. 그러면 옷 입을 때 일어나는 온갖 말썽을 막을 수 있습니다. 배가 고프면 옷을 빨리 입게 마련이니까요. 아이들이 아침을 잘 먹게 하는 방법은 간단하답니다. 전날 저녁을 가볍게 주시면 됩니다. 아이들은 꼬르륵거리는 배를 안고 아침에 일어나게 되지요.

집에 있는 시간을 즐겁게 만들어주십시오. 평범한 일을 재미있게 만드십시오. 신나는 음악을 틀어놓고 집안일을 해보면 어떨까요. 완벽한 것을 기대하지 말고 기대치를 낮추십시오. 덜 깔끔하고 행복한 게 낫다고 생각해보십시오. 아이들이 여러분 무릎에 있는 건 태어나서부터 5년 남짓입니다. 그후의 10년은 같이 있는 시간이 반으로 줄어듭니다. 그러니 같이 있을 수 있을 때 그 시간을 즐겨야 하지 않겠습니까?

아이가 한시도 가만히 있지 못한다면, 오히려 운동이 필요하다는 신호일 수 있습니다. 오늘날 집 마당은 좁고, 차 안에서는 안전띠를 매고 있어야 하고, 주변에는 여러 위험이 도사리고 있습니다. 뛰어놀 넓은 공간이 없으니 언제 어디서건 틈나는 대로 꼼지락거릴 수밖에요. 모래밭, 물놀이, 뛰어다니거나 오르기를 할 수 있는 공간 등이 있으면 사정은 엄청나게 달라집니다. 하루 종일 뛰어노느라 녹초가 된 아이들은 말을 잘 듣게 마련입니다.

대안

아이에게 다른 걸 제시함으로써 갈등을 피하는 경우가 있습니다. "과자를 사줄 테니까 차의 안전시트에 앉아야 한다" 등과 같이 아이가 받아들일 수 있는 것을 제시하는 것이지요. 아이들이 장난감 하나를 서로 갖고 놀겠다고 싸우면 순번을 정해주고, 차례가 나중인 아이에게 더 오래 갖고 놀게 해줍니다. 아이들은 자기 차례를 기다리며 시계 보는 법도 배우고 차례를 지키면 결국 모두가 누릴 수 있다는 것도 배우게 됩니다. 간혹 아이가 단지 지루해서 말썽이 나는 경우가 있습니다. 그럴 때는 약간의 새로운 아이디어를 추가해주면 다시 사이좋게 놀게 됩니다.

대부분의 말썽꾸러기들은 어떻게 해야 잘하는 건지를 몰라서 그러는 경우가 많습니다. 아이가 잘못을 저지르면 공격적으로 힐난하기보다는 어떻게 해야 제대로 하는 건지를 가르쳐줄 마음 자세를 갖추어야 합니다.

예를 들어 해변으로 소풍을 온 두 가족이 함께 밥을 먹으려고 하는 장면을 상상해봅시다. 여덟 살 난 남자아이가 접시에 남은 닭고기 세 점을 몽땅 집었습니다. 아버지는 "그거 내려놓지 못해?" 하고는 국자로 아들을 한 대 쥐어박습니다. 재미있긴 하지만 국자로 아들의 행실을 바로잡을 수는 없습니다. 엄마가 "애, 다른 분들이 그 닭고기를 드실 건지 아닌지 여쭤보지도 않았잖아. 한 점만 먹는 게 어때? 여쭤보고 나서 아무도 안 드시겠다고 하면, 나머지도 네가 먹으면 되잖아" 하고 말합니다.

바로 부모들이 아이들에게 바른 행실을 가르쳐주어야 합니다. 그러지 않으면 아이들이 도대체 어디서 그걸 배우겠습니까?

대결

앞에 나오는 방법을 다 썼는데도 아이가 말썽을 일으킨다면 그것은 부모와 대결하기를 바라는 것이라고 해석할 수 있습니다. 그렇다면야 못 할 것도 없죠. 아이들은 때때로 어디까지 제멋대로 할 수 있는 건지 그 한계를 시험해보고 싶어하니까요. 그러나 대부분은 아이들에게 다른 사람과 더불어 살아가야 한다는 것, 기다리는 것, 남을 때리지 않는 것 등을 가르치기 위해 따끔한 가르침을 주어야 할 때가 있습니다. 이런 경우가 바로 '서서 생각하기' 방법을 쓸 때입니다. 어쨌든 어른들보다는 아이들이 신세가 편하니까 가끔씩 부모를 도와주는 것이 그렇게 불공평한 일은 아닙니다.

장난감을 함께 갖고 놀기, 말을 바르게 하기, 남을 때리지 않기, 참기, 도와주기, 위급한 일이 생겼을 때 말 잘 듣기, 놀이에 참가하는 것을 배우기 등등의 일로 말썽이 생긴다면 '서서 생각하기'를 하게 한 후 '대화'를 갖습니다. 그렇게 하면 아이들이 제 기분대로 행동하는 것을 막을 수 있을 뿐 아니라 아이들이 일단 생각한 후에 제대로 된 행동을 골라서 하게 됩니다. 훈육이라는 것으로 아이들을 꼼짝달싹 못 하게 하는 게 아니라 제대로 행동하도록 가르치고자 하는 겁니다.

"다른 애들이 노는 데 같이 끼고 싶었다는 거지?" "네." "그래서 그애들한테 돌멩이를 던졌다구?" "네." "그 아이들은 돌멩이를 맞고서 기분이 좋지 않을 텐데, 그런데도 너한테 같이 놀자고 하겠어? 너 같으면 그럴 수 있겠어?" "음……."

말썽꾸러기를 3년 만에 바른 태도의 아이로

어린아이를 키울 때는 어떤 목표를 정하고 키우는 게 좋습니다. 아이가 예닐곱 살이 될 때까지 친구 집에서 말썽 안 피우며 놀고, 다른 아이들과 잘 어울려 지내고, 어른들과 잘 얘기하는 좋은 아이로 만들기 위해 여러분은 노력을 기울이고 있는 중입니다. 물론 그렇다 해도 아이들이 배워야 할 건 여전히 많이 있지만, 좋은 출발을 하는 것임에는 틀림없습니다.

다음 그림을 보면 관심을 한몸에 받는 데 익숙한, 이제 막 걸음마를 시작한 아이가 왼쪽에 있습니다. 아직 어리니까 그림 속의 말대로 행동하는 것을 봐준다고 해도 평생 그럴 수는 없는 노릇입니다. 훈육이라고 불리는 이 게임의 목표는 왼쪽의 아이를 어느 나이까지는 오른쪽에 있는 학교에 갈 준비가 된 아이로 키우는 것입니다. 한 가지 명심할 것은 아이는 원래 심성이 곱고 부모를 돕고 싶어하지만 어떻게 해야 되는 건지를 모르고 있으므로 그걸 가르쳐주어야 한다는 점입니다. 계속 반복해야 한다는 점을 각오하십시오. 그러다 보면 꾸준한 진전이 있을 것입니다. 아이와 씨름하는 가운데서도 즐겁고 재미있고 행복한 시간을 가지는 것을 잊지 말아야 하겠지요.

걸음마를 시작한 아이들은 누구나 할 것 없이 키우기 어렵습니

다. 아이가 뻗댄다고 해서 무조건 윽박지를 수도 없고, 그렇다고 아이가 해달라는 대로 해주자니 아이들은 원하는 걸 얻을 때까지 투정을 부리고 징징거리면 된다는 걸 배우게 됩니다. 따라서 이것은 끈기와의 싸움이며 웃을 줄 아는 여유를 잃지 않는 것이 중요합니다.

엄격한 사랑의 태도

아이가 만으로 18~24개월이 되면 엄격한 사랑을 본격적으로 보여주어야 합니다. 아이에게 마냥 부드럽고 다정하게 대하던 부모는 아이의 말썽이 시작되면 쩔쩔매게 되지요. 별로 떼쓰는 일이 없던 사랑스러운 아이가 갑자기 발에 탱크라도 달린 듯 온갖 데를 헤집기 시작합니다.

부모가 아이를 대하는 스위치를 바꾸어야 하는 때가 온 것이죠. 지난 18개월간 아이를 행복하게 해주려고 애를 써왔지만 이제 엄격한 사랑이라는 개념을 동원하여 상황을 반대로 만들어야 할 때가 됐음을 깨달아야 합니다. 이제부터 부모의 임무를 제대로 수행하기 위해서는 아이들이 불행하다고 느끼도록 만들어야 합니다. 처음에는 하루에 수십 번씩 그래야 될 것입니다. 단 그때마다 2분 이상은 넘지 않아야 합니다.

아이들은 보통 냉장고에 있는 것들을 몽땅 끄집어낸다든가 큰 화분 위로 기어오르는 등의 '묵과할 수 없는' 못된 장난을 함으로써 부모가 엄격한 사랑을 쓸 수밖에 없도록 '도와' 줍니다.

이때 여러분이 취해야 하는 태도는 겉으로는 단호하면서 속으로는 긴장을 푸는 것입니다. 아이들은 말썽을 피우고 못된 짓을 하면서도 속으로는 자기가 귀엽게 보일 거라는 생각을 할 수 있는데, 그런 생각이 전혀 먹히지 않는다는 것을 보여주어야 합니다. 말썽을 바로잡는 데는 시간이 걸립니다. 목소리를 깔고 심각한 모습을 하지만 속마음은 느긋하게 좋은 기분을 가져도 됩니다. 왜냐하면 이런 엄격한 사랑으로 실랑이를 벌이는 동안 아이는 많은 것들을 배우니까요.

 부드러운 사랑이 아이들의 마음을 활짝 연다면 엄격한 사랑은 아이들이 자라면서 세상 속에서 강하고 분명하게 살아갈 수 있도록 튼튼한 중심을 만들어줍니다.

아이가 해달라는 대로 다 해준다면?

 어느 날 슈퍼마켓에 갔을 때의 일입니다. 두 살짜리 딸아이가 하도 칭얼대기에 손수레에서 내려 매장 안을 함께 걸었습니다. 이건 큰 실수였지요! 아이는 이리저리 정신없이 뛰어다니며 법석을 떨었을 뿐 아니라 그 다음부터 슈퍼마켓에 가기만 하면 그렇게 휘젓고 다니길 원했습니다. 두세 살짜리 아이들은 엄청난 기억력을 가지고 있더군요!

 부모들은 가끔씩 편한 방법을 써서 곤경을 벗어납니다. 그러나 이렇게 하면 아이들은 더 많은 것을 원하고 더 징징거리고 더 불평하게 될 뿐입니다. 두 살짜리의 입장으로 생각해보세요. 태어나서 한 해 동안 부모의 관심을 한몸에 받습니다. 원하는 것, 필요한 것이 모두 제공됩니다. 천국이 따로 없지만 점차 좀더 강렬하고 색다른 것을 원합니다. 먹여주고 안아주고 기저귀를 갈아주는 것으로는 더이상 만족스럽지가 않지요. 아이들은 엄마의 스타킹 속에 개를 집어넣으려고 한다거나, 차가 다니는데도 아랑곳하지 않고 놀려고 합니다. 아이를 위한다면 말려야 하겠지요.

 이 시기에 아이들은 인생의 가장 중요한 교훈, 즉 언제나 사랑

한 번에 한 가지씩 사랑스러운 아이로 만들기

우리 강좌에 참가했던 선희씨는 아주 솔직한 성격이었다. "저는 아이들을 안 좋아해요" 하고 그녀는 말했다. "제겐 아이가 셋 있지만 전 아이들이 굉장히 싫어요." 이게 문제였다. 부모가 아이들을 좋아하지 않으면 어느 누가 그애들을 좋아하겠는가? 그 아이들을 사랑스러운 아이들로 만드는 것은 그녀의 몫이다.

그녀를 돕기 위해 우리는 세세한 계획을 짰다. 선희씨가 아이들을 좋아하게 만들려면 아이들이 어떻게 변해야 하는지 다음과 같은 목록을 만들었다.

1. 이제 만 두 살이 된 막내가 남을 때리고 물어뜯는 것을 그만두게 한다.
2. 네 살짜리 둘째가 징징거리고 불평하는 것을 그만두게 한다.
3. 다섯 살짜리 첫째는 시키는 즉시 움직이게 한다.

엄격한 사랑보다는 부드러운 사랑이 먼저 필요하다. 우리 생각에는 선희씨가 너무 지쳐 있으므로 일 주일에 하루 정도는 그녀 자신만을 위한 시간을 가지도록 권했다. 남편의 협조도 필요했다. 그 부부는 더 관심을 가지고 서로 도왔으며, 엄격한 사랑을 실천하기 위한 구체적인 기술들을 서로 협력해서 행할 수 있도록 연습을 했다. 남편은 이를 위해 근무시간을 일 주일에 50시간에서 45시간으로 줄였다. 아이들이 바르게 행동하게 되면 남편은 더 많은 시간을 가정에서 행복하게 보낼 수 있으리라.

6개월이 지난 후, 그녀는 훨씬 안정되고 평온해 보였다. 그녀는 여전히 힘들어했지만 스스로에 대해 너그러워졌고, 자녀양육에 더 자신감을 가지게 되었다.

과 보살핌 속에 있지만 혼자 사는 세상이 아니며 따라서 세상의 수많은 다른 사람들과 더불어 지내야 한다는 것을 배워야만 합니다.

언제 시작해야 좋은가?

아이들의 나이에 따라 무엇을 기대할 수 있고 어떤 걸 적용할 수 있는지를 먼저 이해하는 것이 필요합니다.

영아기

갓난아기인 민수에게는 훈육이 필요없습니다. 민수는 이제 생후 4개월입니다. 아직 기어다니지는 못하지만, 웃고, 딸랑이를 흔들고, 자기 앞의 물건을 끌어당깁니다. 민수는 정상적인 아기이기 때문에 하루에 몇 번이고 울어댑니다. 자기에게 필요한 걸 울음으로 알리지요. 민수에게 필요한 것은 간단합니다. 배고프면 울고, 외로워도 울고, 기저귀가 젖어도 웁니다. 배가 아파도 울고 심심해도 웁니다. 다 합치면 꽤나 많은 울음이 되는데, 엄마 아빠가 민첩하면 필요한 것을 대번에 알아차리고 아기가 칭얼거리자마자 곧 조치를 취합니다.

민수 아빠는 민수에게 손이 무척 많이 간다고 말합니다. "가장 힘들었던 점은 민수를 다시 재우는 거였습니다. 아기를 품에 안고 동네를 몇 바퀴씩 돌곤 했지요. 한번은 새벽 4시에 경찰이 저를 쫓아온 적도 있습니다. 제가 자루를 걸머진 강도처럼 보였다나요."

아기를 돌보는 것은 힘든 일입니다. 그러나 아기들은 못된 짓은 하지 않지요. 그냥 자신에게 필요한 것을 부모에게 알릴 뿐입니다. 아기들에겐 가르침이 아니라 폭넓은 이해가 필요합니다. 그리고 이런 갓난아기를 가진 부모들에겐 충분한 잠이 필요하지요.

걷기 시작한 아이들

아기들의 능력은 빨리 발달해서 기는가 싶으면 곧 걸음마를 시작합니다. 또 눈에 띄는 모든 것을 손에 쥐거나 잡아당기고 깨물거나 던집니다. 집 안에 널려 있는 것들은 온통 아이 차지입니다. 또한 원하는 것을 짤막한 단어로 표현하기 시작합니다. "까까!" "인형 줘!" "안아줘!"

이런 새로운 능력들과 자리를 옮겨다니는 능력을 갖춤에 따라 부모가 그냥 넘어갈 수 없는 일들을 시작합니다. 말썽이 시작되는 것이지요. 갓난아기들은 의도적인 말썽을 피우지 않지만 이 두세 살짜리들은 다릅니다. 걸음마를 시작한 아이는 하지 말라는 짓을 하거나 가지 말아야 할 곳에 들어가서는 부모를 쳐다보며 방실거립니다. 마치 '나 여기 있다, 엄마 어쩔래?' 하는 것 같습니다. 엄마는 "안 돼, 그럼 못써" 하고 말하지만 아이는 여전히 방실거립니다. '엄마, 나 잡아봐라!'

이 또래의 아이들은 부모가 화날 짓을 골라 하는데, 그것은 아이들이 마음속으로는 제지당하기를 원하고 있기 때문입니다. 무의식적인 메시지는 '나에겐 제한이 필요해요. 엄마 아빠, 내가 날뛰는 걸 잡아주세요'입니다. (십대 아이들 역시 이런 메시지를 보내는데, 이것에 대해서는 조금 뒤에 얘기하도록 하죠.)

경우에 따라 다르긴 하지만, 이런 행동은 반란이 아닙니다. 두세 살 아이들은 오늘날의 하루 일과를 감당 못 할 때가 있습니다. 간혹 가다가 그냥 피곤해하거나 배고파하면 낮잠을 재운다든지 간식을 주십시오. 아이들의 기분이 금세 밝아질 겁니다. 데리고 나가야 해서 차의 안전시트에 앉혔는데 떼를 쓴다면 마당에서 뭔가 가지고 놀던 걸 계속하고 싶어서 그럴 수 있습니다. 혹은 제 형이 먹고 있는 게 뭔가 싶어서 식탁으로 기어올라갈 수도 있습니다.

자상한 부모라면 아이를 꼬이기 위해 갖은 방법을 동원합니다. 그리고 대부분의 경우 아이들은 바로 그걸 원합니다. 예를 들면 어떤 엄마가 시간을 절약할 수 있는 아주 좋은 요령을 가르쳐주었는데, 먹는 시간이 오래 걸리는 맛있는 것을 쥐어주면 아이는 슈퍼마켓을 휘젓고 다니는 대신 엄마가 끄는 손수레에 앉아 20분은 행복하게 보낸다는 겁니다.

이 나이 때의 아이들은 부모가 시키는 대로 하지 않으며 부모에게 대드는 때가 많습니다. 이 시기는 '서서 생각하기'를 비롯, 온갖 방법을 동원해야 되는 '엄격한 사랑'의 페스티벌 기간이라고 봐도 무방할 정도입니다.

유치원에 갈 연령 및 좀더 큰 어린이

아이들이 앞의 단계를 거치고 나면 '서서 생각하기'를 해야 하는 경우가 급격하게 줄어듭니다. 너무 다행이죠. 아이들은 대부분 곧바로 '대화'를 하려고 합니다. 아이들의 얘기―자신들이 느낀 것, 자신들에게 필요한 것이 무엇인지―를 들어주고 그게 타당한지 아닌지 판단해봅니다. 아이들의 생각이 그르지 않을 경우 부모가 '이기기 위해' 무조건 복종시킬 필요는 전혀 없습니다. 아이들은 자기 나름의 감정이나 욕구를 가지는 것이 괜찮다는 것, 때로는 자신들이 원하는 걸 가질 수 없다는 것, 혹은 좀더 설득력 있는 방법을 쓰면 가질 수 있을지도 모른다는 것을 배우게 됩니다. 아이들이 어떤 느낌(아이들로 하여금 말썽을 피우게 한 그 느낌)을 가지고 있었는지 반드시 확인하고 엄격한 사랑의 방법을 사용하되, 그게 아이 자신을 괴롭히려는 게 아니라 부모가 진심으로 도와주려고 그런다는 것을 알게 해야 합니다.

십대 아이들

십대라는 시기가 얼마나 아름다운지, 남들과 잘 어울리며, 한창 재미있을 때라는 일반적인 생각에도 불구하고, 그 나이의 청소년들에겐 부모와의 대립을 포함한 여러 가지 말썽의 여지가 많이 남아 있습니다. 그럴 때 물리적인 힘으로 해결하는 것은 바람직하지 않습니다. 부모들은 이 아이들에게 고단수의 도움을 주어야 합니다. 다음의 예에서와 같이 '서서 생각하기'는 '앉아서 대화하기'로 변합니다.

"너, 어젯밤 몇 시에 집에 왔니?"
"어, 새벽 1시쯤요."
"그때쯤에 너 들어오는 소리 들리더라. 원래 몇 시까지 집에 오기로 했지?"
"12시까지 들어오겠다고 했는데요. 차를 타고 올 수가 없었어요. 친구들이 계속 있고 싶어했거든요."
"그러니까 차를 얻어탈 수가 없어서 늦었다고?"
"그렇다니깐요. 이제 TV 좀 봐도 돼요?"
"아니 아직 안 돼. 그렇다면 지키지 못할 약속을 왜 했니?"
"어유, 엄마도 참. 계속 놀겠다는 애들한테 나 좀 태워다달라고 어떻게 그래요?"
"일이 그렇게 될 수 있다는 걸 알면서도 나하고 약속했니?"
"어, 그게…… 아뇨."
"그러니까 넌 지킬 수 없는 약속을 한 거네."
"음…… 그런 거 같아요."
"너, 앞으로도 또 외출하고 싶을 텐데, 그때는 어떻게 약속을 잘 지킬 수 있겠어?"
"헤헤, 물론이죠."

열세 살 정도 된 아이들의 두뇌에는 여러 가지 갑작스런 변화가 일어납니다. 사춘기에 들어서느라 갓 태어난 아기처럼 굴지요. 깜빡깜빡 잘 잊어버리고, 정체성의 혼란을 느끼며, 약간 삐딱해집니다. 반면 한 가지 좋은 점은 이 변화들이 아이들을 상당히 '부드럽게' 만든다는 건데, 열세 살짜리는 책임을 맡길 수 있고 다정합니다. 따라서 아이들과 가까워지고 새로운 유대를 맺을 수 있는 기회인 셈이지요. 특히 아이들이 어렸을 때 부모가 바빴거나 아이를 귀찮아했다면 이 시기를 통해 훨씬 더 친숙해질 수 있습니다.

이 시기를 즐기십시오. '유순한 열세 살'은 금방 지나가버리니까요. '태풍의 시기'인 열네 살이 되면 아이는 마치 감정이 격한 두 살짜리 아이처럼 변합니다. 부모가 어디까지 참는지 시험하려 들고, 덤벼들고 싶어하며, 부모도 자기에게 한판 해주기를 바랍니다. 이 시기의 아이를 무시하거나 무관심하게 내버려두면 절대 안 됩니다. 아이들은 독립을 원하지만, 책임감과 함께 신중하게 행동하는 것을 배워두어야 합니다. 부모가 가장 신경을 써야 하는 시기죠.

따라서 열네 살짜리들에겐 다시 '엄격한 사랑'이 필요해지는데 주제는 조금 달라집니다. 즉 집에 몇 시까지 들어올 것인지, 옷차림, 자기가 맡은 집안일, 약속한 것이나 동의한 것을 지키기 등입니다. 물론 이때의 엄격한 사랑의 방법이 걸음마를 시작한 아이를 대하는 것과 같을 순 없지만 원칙은 똑같습니다. 부모가 '나는 아이에게 단호하게 대할 것이다. 그럼으로써 내 아이는 책임감 있는 사람이 되고, 이 복잡하고 험한 세상 속에서 어떻게 살아야 되는지 배우게 될 것이다'라는 생각을 가지고 있다면, "설거지를 안

하면 저녁밥은 없다!"고 말해야 합니다.

십대의 문제는 무척 광범위해서, 지금까지 언급한 내용들은 가볍게 살짝 건드린 것에 불과합니다. 그러나 한 가지 분명한 점은 엄격한 사랑과 부드러운 사랑을 갓난아기 때부터 잘 행했다면, 사춘기의 아이들을 다루는 훌륭한 기초를 다져놓은 것이라는 사실입니다.

'서서 생각하기'와 '대화'에 관한 질문과 대답

Q 말썽을 많이 피우는 아이는 어떻게 해야 할까요? 이것저것 시도는 많이 해봤지만 아무 효과가 없네요.

A 말을 전혀 안 듣는 아이에게 '서서 생각하기'를 시도해보려면 부모님이 먼저 준비가 되어야 합니다. 당신이 이루려고 하는 바를 분명히 마음에 새겨두고 도와줄 사람이 곁에 있을 때 적당한 날을 잡아서 시도하십시오.

일단 아이가 문제를 일으켰을 때 그걸 바로잡을 기회를 한 번 줍니다. 그래도 아이가 자기 행동을 고치지 않는다면, 이젠 새로운 방법을 쓸 거라고 설명합니다. 미리 생각해둔 장소로 아이를 데려가십시오. 그리고 "너는 케이크를 집어던졌고 네 동생을 때렸어. 여기 서서 잘 생각해봐. 네가 왜 그랬는지, 왜 그런 짓을 하면 안 되는 건지, 그리고 네가 그걸 바로잡으려면 어떻게 해야 하는지!" 하고 말합니다. 만약 아이가 거기서 움직이거나 다른 데로 가려고 하면 아이를 단단히 붙잡으십시오. 단, 아프거나 다치지는 않게 말입니다.

난리가 일어날 거라는 걸 각오하십시오. 제멋대로 뛰어다니던 아이에게는 충격적인 일입니다. 아이가 소리를 지르고 반발해도 '계속해서 하고 또 할 것'을 결심하시기 바랍니다.

아이를 아프게 하지 않도록 하면서 단호한 태도를 보여주십시오. "네가 가만히 서 있는다면 네 팔을 놓아주마"라고 말하고, 아이들이 그러겠다면 곧바로 팔을 놓아주세요.

이 과정을 단순하면서도 이기기 쉽게 만들어보십시오. 처음엔 작은 성과를 얻는 것에 만족해야 합니다. 아이가 잘못했다고 하거나 자기 행동을 고치려는 노력을 조금만 보여도 처음에는 그걸로 충분합니다.

아이들은 차차 진정될 겁니다.

아이들은 부모가 원하는 협조를 보일 것입니다.

아이들은 새로운 바른 행동을 해서 칭찬받을 것입니다.

그리고 실랑이가 성공적으로 끝나면, 잠깐 누워 쉬도록 하십시오!

다음에는 훨씬 쉬워집니다. 아이들은 곧 말썽피우는 단계에서

벗어나, 스스로 자기가 무엇을 하고 있는지, 어떻게 바로잡을지를 알아차리게 됩니다. 이때 부모는 약간만 주의를 주면 됩니다.

Q 아이가 '서서 생각하기'를 하는 곳에 있으려 하지 않을 때, 아이를 계속 붙잡고 있어야 하나요?

A 아이가 아직 어린 경우(만 18~30개월까지)에는 앉히거나 눕혀도 됩니다. 단, 그 자리에 계속 있어야 합니다. 가까이에 있다가 아이가 '탈출'하려 하면 붙잡아서 제자리에 세워두십시오. 아마 한두 번이면 될 겁니다. 아이가 얘기할 준비가 되면 일어서라고 하고 여러분 쪽을 쳐다보게 돌려세우십시오. 좀더 큰 아이라면 벽쪽을 쳐다보며 조용히 서 있게 하되, 벽에 기대지는 못하게 하십시오. 이런 물리적인 방법으로 아이의 집중력을 한 가지 일에 붙잡아두면, 아이는 그 일에 대해 어쩔 수 없이 생각하게 됩니다. 아이들은 어색해하며 꼼지락거리는 게 아니라 시키는 대로 '서 있게 됩니다.' 아이가 기다리며 서 있어야만 여러분이 얘기를 할 것이라는 점을 설명하십시오.

Q 아이가 몇 살이 되어야 이 방법을 쓸 수 있습니까?

A 엄격한 사랑의 방법을 시도하기 위해서는 아이가 말을 어느 정도 이해하고 구사해야 합니다. 아이들이 "잘못했어요" "안 때릴게요" 혹은 "비디오 안 만질게요" 정도는 말할 수 있어야 아이들에게 여러분의 의중이 전달될 수 있습니다. 아이가 이렇게 잘못을 빌면 나와도 좋다고 말하고, 하고 싶은 걸 하며 놀도록 해줍니다. 그리고 야단스럽지 않을 정도로 아이를 꼭 껴안아주고 가라앉혀

줍니다. 서로 감정을 추스르고 일상적인 생활로 돌아오기 위해서지요. 아이가 말을 제대로 하기 전이라면 관심을 다른 데로 돌리는 등, 주로 아기들에게 쓰는 방법을 강구해야 합니다.

Q 왜 서 있게 하는지요, 그리고 왜 구석인지요?

A 이유는 간단합니다. 그렇게 해야 아이가 관심을 다른 데로 돌리지 않고 자신의 문제에 대해 집중적으로 생각하기 때문입니다. 벽을 마주 보는 건 지루한 일이고, 가만히 서 있으면 1분도 안 되어 다리가 아파옵니다. 그러나 고통스럽거나 수치스러운 정도는 아니지요. 이 '서서 생각하기'의 목적은 아이로 하여금 문제를 해결하고 거기서 벗어나게 하는 동기를 주는 것입니다. "기분 나빠할 필요는 없단다. 네가 과연 어떻게 했어야 했는지를 생각해내면 같이 얘기를 해볼 거야. 그럼 넌 거기서 나올 수 있어"라고 말해주십시오.

집이 아닌 다른 장소에 있거나 이 방법에 완전히 익숙해졌다면 벽이나 구석을 고집할 필요는 없습니다. 그냥 아무 곳이든 "거기 서서 생각해봐" 하면 되는 거죠.

Q 우리 아이는 잘못했다고 말하고 나서는 똑같은 잘못을 계속 되풀이해요.

A 아이들은 커갈수록 꾀를 부리기 시작합니다. 그건 아이가 똑똑하다는 얘기도 됩니다.

"여기에 가만히 서서 생각할 수가 없어. 나 화장실 가야 돼요."

"엄마가 날 몰라주니까 그렇지!"

이 아이는 진심으로 자신이
잘못했다고 생각하지 않는다.

이 아이는 대화할 준비가 되어 있다.

"날 사랑하지 않는 거야……."

"생각 안 나요."

아이들이 이렇게 말할 때 속지 마십시오. 아이들은 자기가 정말로 잘못을 저질렀고 앞으로는 그러지 않겠다고 부모를 설득했을 때에만 구석으로 가지 않아도 됩니다. 아이들의 동작이나 태도, 표정 등을 주의깊게 보면 아이들의 말이 진심인지 아닌지 곧 판별할 수 있습니다.

Q 학교에서도 이 방법을 쓸 수 있나요?

A 그렇습니다. 그러나 학교에서 이 방법을 쓰려면 약간 다르게 해야 합니다. 가족들끼리, 형제자매 앞에서 서 있는 게 아니라, 제 또래들 앞에서 그렇게 해야 된다면 모욕감을 느낄 수 있습니다. 우리의 조언으로 이 방법을 적용하고 있는 초등학교들의 경우에

는 의자나 매트, 탁자 등이 갖추어진 곳을 '생각하는 장소'로 사용하고 있습니다. 금방 눈에 띄는 곳은 곤란하며, '말썽쟁이 의자' 같은 모욕적인 명칭으로 불리지 않도록 주의를 기울이고 있습니다. 이 '생각하는 장소'는 같은 목적으로 사용됩니다. 즉 아이를 일단 문제상황에서 벗어나게 하며, 생각할 수 있는 동기와 시간을 주고, '대화'할 준비가 되었는지 안 되었는지 아이의 동작이나 표정으로 확인할 수 있을 만큼 가까이서 지켜보는 것이죠.

그리고 곧바로 담당교사나 교장 선생님이 그 아이와 대화를 가져야만 합니다. 이건 징역살이가 아닙니다. 문제를 일으키는 아이들은 지켜봐주는 것이 필요합니다. 따라서 무슨 일이 있었는지 대화를 통해 아이들에게 관심과 주의를 기울여야 합니다. 아이들이 올바른 행동을 했을 때도 역시 관심을 기울여야 한다는 것을 잊지 마십시오.

문제를 일으킨 아이와 얘기를 나눌 때는 매트에 앉거나 탁자를 사이에 두고 마주할 수 있습니다. 자신이 가진 문제를 직시하는 능력은 읽기, 쓰기, 셈하기만큼이나 중요한 일입니다.

지금까지의 훈육방법은 어떠한가?

지난 50년 동안 아이를 훈육하는 방법은 점진적으로 변화해왔습니다. 그중 대표적인 몇 가지를 살펴보도록 하겠습니다.

체벌과 상처 주기

아주 낡은 방식입니다. 이 방법은 아이들이 겁을 먹게 하고, 어떤 사람과도 다정한 관계를 맺지 못하게 하며, 또 몸집이 크면 남을 때려도 된다는 생각을 심어줍니다. 맞고 자란 아이는 두려움 속에서 떨게 되고, 정서가 황폐해지거나 강한 분노와 반발심을 갖게 됩니다. 이 아이들이 자라 성인이 되면 자신이 당했던 대로 자신의 아이, 아내, 혹은 다른 사람들을 희생양으로 삼아 자기 속에 쌓인 울분을 풀어버릴지도 모릅니다. 폭력적인 방법은 해악을 끼칠 뿐 이로울 게 없습니다. 몇몇 나라에서는 체벌을 불법으로 규정하고 있습니다.

수치심을 주고 비난하기

부모들은 1950년대가 되어서야 폭력이나 매질에 거부감을 느끼기 시작했습니다. 그러나 때로는 그것을 대신할 만한 다른 방법을 찾지 못했고, 의사소통의 기술도 변변치 못했습니다. 결국 그들은 수치심과 공포를 주거나, 자녀들에게 나쁜 욕을 해가며 비난을 퍼붓는 방법을 썼습니다. 그 결과 아이들은 자아가 손상되고 영혼에 상처를 입었습니다. 이 방법들은 실패작입니다. 왜냐하면 아이들은 자신들이 들은 말 그대로 게으른 녀석, 둔해빠진 놈, 이기적인 욕심쟁이, 뚱뚱이 등이 돼버리고 말거든요. 수치심을 느끼면서 자란 아이들은 두 가지 중 어느 한쪽, 즉 억눌려 있고 죄책감에 시달리거나 분노에 찬 반항아가 됩니다.

보상과 결과 요법

이 방법의 좋은 예는 '참 잘했어요 표'입니다. 아이가 착한 일을 할 때마다 별표를 하나씩 주고 그것을 표에 붙여가면서 한 주가 끝날 때쯤 되면 별표대로 상을 주는 것입니다. 별표가 많을수록 상도 커지겠지요. 이것은 좋은 방법이라고 할 수 있는데, 부모에게는 아이의 바른 행동 즉 긍정적인 면을 집중적으로 보게 하고, 아이에게는 자기가 이루고 싶은 작은 목표를 주기 때문입니다. 어떤 어린이들의 경우 그 효과가 굉장히 클 수도 있습니다.

아이가 '해야 할 일'을 하는 경우 얼마간의 용돈을 주고, 그 외 좋은 행동을 많이 했거나 집안일을 도왔을 때 돈을 더 주는 방법은 두 가지 보상방법을 섞은 것입니다. 실제 사회생활에서 벌어지는 현상과 비슷하기 때문에 많은 가족들이 효과적인 방법이라고 느끼고 있습니다.

이와 유사한 것으로 '당연한 결과' 요법도 효과적입니다. 이것은 자신이 일으킨 말썽으로 생긴 결과를 아이 스스로 감당하게 하는 것입니다. 침대에 오줌을 싸면 침대보를 갈게 한다거나, 학교에 지각하면 벌을 받는 것 등이 있겠지요. 아이들이 성장하면서 자신의 행동으로 인한 결과가 어떤지를 알면 배우는 게 많아집니다. 그리고 부모는 그 결과를 아이가 받아들이는지 지켜보면 됩니다. 그러나 잠깐! '당연한 결과' 요법을 무조건 사용하지는 마십시오. 예를 들어, 차도에 뛰어든 후의 '당연한 결과'는 결코 좋은 게 아니니까요.

잠깐 멈춤(time out) 요법

스포츠 경기에서 '타임 아웃'을 종종 볼 수 있습니다. 잠깐 경기를 멈추고 휴식하는 것이지요. 이 '잠깐 멈춤'은 자녀양육 전문가들이 주로 추천하는 방법입니다. 이것은 말썽이나 꾸중 등 하던 일을 일단 멈추고 마음을 가라앉히기 위해 아이를 5분 정도 혼자 있게 하는 것입니다. 아이들한테 무척 이로운 방법인데요, 왜냐하면 아이를 방에 들여보내고 나서는 부모들도 화를 가라앉히기 때문입니다. 이 방법은 언제나 누구에게나 효과가 있는 대응전략입니다. 저희 아이가 두세 살일 때 저도 이 방법을 썼습니다. 잔뜩 열받은 상태이며 모든 게 귀찮아졌다면 2~3분 동안이라도 휴식이 필요합니다. 그러나 이것 자체를 훈육의 한 방법이라고 볼 수는 없습니다. 이 방법에는 아이에게 가르침을 주거나 행동의 변화를 가져올 수 있는 생각할 능력을 키우는 것이 없기 때문입니다.

이 '잠깐 멈춤'을 직접 실행해본 부모들의 경험담을 들어볼까요? "그건 별 효과가 없어요. 우리 애는 자기 방에 들어가 아주 신나게 놀던데요. 방에 장난감이 많으니까." "우리 애는 방에서 마구 때리고 부숴요. 창문 밖으로 나가기도 하고요." "마음을 진정시켜주는 효과는 있어요. 그렇다고 애 버릇이 잡히지는 않아요. 우리 딸애는 10분만 지나면 똑같은 말썽을 그대로 되풀이하는걸요."

금방 아이를 때릴 것만 같거나 혹은 정말로 휴식이 필요할 경우에 이 '잠깐 멈춤'의 방법을 권하고 싶습니다. 사실, "지금 우리 둘 다 마음을 가라앉혀야 될 것 같아. 네 방으로 가서 조용히 있어라" 하고 말함으로써 최악의 상황을 방지할 수 있지요. 그후에 '대화'를 가져볼 수도 있고, 그렇게 되면 아이가 반성했는지 아닌

'잠깐 멈춤'과 '서서 생각하기'의 주요 차이점

1. '서서 생각하기'는 빠르다. 아이가 부모가 볼 수 있는 구석자리에 서 있다면, 아이가 자신의 행동에 대한 생각을 끝냈는지 안 끝냈는지 바로 확인할 수 있다. 따라서 해결도 빠르다.

2. '서서 생각하기'는 산만하지 않다. 아이는 생각해야 할 일에 집중한다. 아이는 문제가 된 일에 대한 생각을 계속한다.

3. '서서 생각하기'는 벌이 아니라 생각하고 가르치는 시간이다. 원망을 일으키지 않는다. 아이는 어느 때고 부모의 뜻을 받아들이고 대화를 통해 상황을 종료할 수 있으며, 대개 1~2분 이내에 끝난다.

4. '서서 생각하기' 다음에 이어지는 '대화'는 부모와 자식 사이를 가깝게 한다. 말썽쟁이들은 격리가 필요한 게 아니다. 오히려 더 잦은, 밀도 있는 접촉이 필요하다. 대화를 통해 아이에게 신경을 쓰고 있으며 문제를 해결하는 것을 도와주고 싶다는 것을 보여줄 수 있다.

지 확인할 수 있을 것입니다.

아이가 올바른 선택을 하도록 도와주는 방법

어떤 아이들에게는 버릇들이기가 아니라 가치관이 문제가 되는 경우가 있지요. 아이가 바른 선택을 하기를 바라지만, 아이들에게 부모가 가진 가치관을 일방적으로 강요할 수는 없는 노릇입니다. 하지만 아이가 자신의 행동과 선택을 다른 입장에서 생각해보도록 도와줄 수는 있습니다. 멀리 내다보면 부모가 옆에 없더라도 아이는 스스로 옳다고 생각하는 판단과 선택을 할 것입니다.

아홉 살 난 다혜는 친구로부터 잠옷파티(소녀들이 친구 집에서 잠옷을 입고 노는 파티—옮긴이)에 초대받았습니다. 물론 다혜는 쾌히 승낙했지요. 초대한 친구는 수줍음이 많은 아이였고 다혜가 초대에 응해준 것을 아주 기쁘게 생각했습니다. 오기로 한 친구는 겨우 세 명뿐이었거든요.

그러나 사태가 여의치 않게 되었습니다. 또다른 친구로부터 교회의 캠핑에 오라는 초대를 받았습니다. 그런데 캠핑과 잠옷파티의 날짜가 겹친 거지요. 다혜는 그 캠프에 너무너무 가고 싶었으나, 그건 곧 잠옷파티에 가기로 한 약속을 깨는 것을 의미했습니다. 다혜의 부모는 다혜에게 약속을 지키라고 강요하지는 않았습니다. 그렇게 하면 다혜가 괜히 심술궂게 행동할 수도 있으니까요. 대신 이 문제에 관해 두 가지 측면을 놓고 다혜와 토론을 했습니다.

1. 친구의 감정을 존중하는 것.
2. 약속을 지키는 것.

이것은 중요한 원칙이었습니다. 부모는 다혜에게 기대에 부풀어 있는 누군가를 실망시키기에 '더 좋은 것이 생겼다'라는 이유는 너무 하찮은 핑곗거리가 아니냐고 부드럽게 말했습니다. 하지만 결정은 다혜 자신이 해야 한다는 것과 딸이 내린 결정에는 간섭하지 않겠다고 했습니다. 다혜는 썩 내키진 않았지만 일단 캠핑을 거절하고, 잠옷파티에 가서는 즐거운 시간을 보냈습니다. 다혜의 부모는 딸이 보인 이해심과 태도에 무척 자랑스러움을 느꼈지요.

어린아이들이나 십대 아이들이 항상 부모가 바라는 대로 결정을 내리지는 않을 겁니다. 그러나 아이들이 실수를 하는 것도 교훈이 됩니다. 또 냉정하게 얘기해서 부모가 틀릴 수도 있고, 자녀들이 옳을 수도 있습니다.

아이에게 매를 들어야 할까요?

어두워질 무렵이었습니다. 하루 일을 끝내고 집으로 돌아가는 차량들로 도로가 붐비고 있었지요. 사람들이 서둘러 걷고 있었고, 가랑비가 내리기 시작했습니다. 이때 마구 고함을 치는 어떤 꼬마가 눈에 띄었습니다. 젊은 엄마는 상점 바깥에 있는 공중전화로 통화를 하면서, 아이를 붙잡아두려고 애쓰고 있었습니다. 꼬마는 엄마에게서 벗어나 길모퉁이의 빗물이 고여 있는 곳에서 놀고 싶어하는 것 같았습니다. 거긴 자동차와 트럭들이 지나다니는 길이

어서 아주 위험했지요. 이 꼬마의 엄마가 얼마나 초조했을까가 느껴지지 않습니까? 그녀는 통화중이던 상대에게 뭐라고 고함치고는, 꼬마에게 "너 엄마한테 한번 혼나볼래!" 하고 소리를 지르며 아이를 붙잡았습니다. 꼬마는 투덜거리며 엄마 팔에서 벗어나려고 발버둥을 쳤지요. 드디어 엄마는 폭발해버리고 말았습니다. 그녀는 수화기를 내던지고 꼬마의 뒷덜미를 낚아채서는, 꼬마의 목이 획 돌아갈 정도로 얼굴을 갈겼습니다.

변하고 있는 세태

40~50년 전만 해도 아이가 어른에게 맞는 것은 일상적이었습니다. 사람들은 공공연하게 아이를 때렸고, 아무도 그런 일로 눈을 치켜뜨거나 하지 않았지요. 남자가 여자를 때리는 것에 대한 인식이 변한 것처럼, 어린이를 때리는 것에 대한 사람들의 태도도 변하고 있습니다. 오늘날 아이가 맞아서 멍이 든다면, 경찰이 달려오는 문제가 됩니다. 아직도 80%의 부모들은 가끔씩 자녀를 때리지만, 가능하면 그런 방법을 쓰지 않으려고 노력하고 있습니다.

아직도 꽤 많은 사람들(주로 남성들)이, 즉각적인 결과를 얻기 위한 방법으로 체벌을 옹호합니다. 이제 체벌에 대한 각자의 입장을 정리할 때가 된 것 같습니다. 요즘은 좀더 나은 훈육방법이 많이 있습니다. 저는 만약 부모들이 체벌보다 더 나은 훈육방법을 안다면 다시는 자녀를 때리지 않을 거라고 생각합니다.

계속 때리는 것과 어쩌다 한 대 때리는 것은 같은 것일까요? 좀더 따끔한 방법으로 한 대 때리는 것은 어느 정도 필요한 게 아닐까요? 제가 아이의 훈육에 대해 강연을 할 때면, 이런 말을 하는 분이 가끔 있습니다. "나도 어렸을 때 꽤 많이 맞았는데, 결코 그걸로 상처받은 적은 없어요!" 제가 보기엔 그들은 상처받았고, 아직까지 상처가 남아 있습니다. 맞았을 때 안 아픈 척하는 것은 수치심을 감추기 위한 일차적인 방어행동일 뿐이며, 내면에 쌓인 분노는 훗날 여러 가지 모습으로 나타납니다.

체벌에 관한 논쟁에서 이제는 정직해져야 합니다. 아이 입장에서 보면, 맞는 것은 무섭고 수치스러운 일입니다. 부모에게도 위험한 일인데, 그것은 한 대 때리는 것과 폭력적인 매질의 구분이 모호하기 때문입니다. 매질은 좌절한 부모가 자기 분노를 내뿜는 배출구가 될 수도 있습니다. 어디까지가 적당한 체벌인지 구분이 가능한가요? 아이를 '위해서' 때린다고는 하지만 부모의 기분이 나아지기 위해서 또는 보복으로 매질을 하는 게 아니라고 어느 누가 장담할 수 있겠습니까? 아이 때문에 화가 났다고는 하지만, 솔직히 다른 일 때문에 생긴 화를 아이에게 매질하는 것으로 풀고 있는 건 아닐까요?

체벌은 극히 짧은 시간 동안만 효과가 있다는 사실을 알아야 합니다. 체벌은 사랑과 신뢰를 갉아먹기 때문에 아이들을 더 다루기 어렵게 만듭니다. "아프지 않아! 신경도 안 써"라고 도전적으로 말하는 아이들을 많이 보았습니다. 그 아이들은 체벌에 면역이 생긴 것입니다. 길거리나 슈퍼마켓에서 아이들을 때리는 것은 아이들을 확실하게 통제하지도 못할 뿐 아니라 매질로 얻는 것은 아무것도 없습니다.

왜 때리는 걸까요?

사실 그대로 말하자면 부모들은 자신의 필요에 의해 아이를 때립니다. 자기 아이를 통제하는 능력을 잃게 될까 봐 두려워합니다. 혹은 아이들을 돌봐주다 기운이 딸리기도 합니다. 종종 녹초가 되고 수면 부족에다 스스로를 위한 시간이라고는 하나도 없다는 것을 느낍니다. 아이를 한 대 때리는 것은 '더이상은 참을 수가 없어'라는 내부로부터의 반격입니다. 그것은 일종의 자기 보호 본능이라고 할 수도 있습니다. 아이들에게 안전띠를 채워줄 때 아이가 여러분의 눈을 쿡 찌른다거나 턱받이를 달아주는데 숟가락으로 때린다든가 하는 경우 등입니다.

어린아이들은 부모가 주의를 주는 것이나, 부모의 감정과 말을 항상 이해하지는 못합니다. 그렇지만 부모들은 아이 버릇을 바로잡기 위해 아주 따끔하게 혼줄을 내주고 싶을 때가 있지요. 한 대 찰싹 때려주거나 매질을 해서 '정신이 번쩍 들게' 하고 싶은 것은 자연스러운 충동입니다. 그러나 우리는 이러한 충동과 싸워야 하며, 그러기 위해서는 아이들과 좋은 관계를 유지하기 위한 기술을 향상시켜야 합니다.

일부 체벌옹호론자들은 자상하고 사려깊은 사람들입니다. 아이들의 버릇을 한 대 때리는 것으로 애초에 바로잡지 않으면 아이들은 더 못되게 굴게 되고, 그러면 부모는 인내심을 잃고 아이들을 진짜로 때리게 된다는 게 그들의 주장입니다. 즉 약간의 매로 큰 매를 예방한다는 것이죠. 그러나 제 경험으로는, 작은 매를 드는 부모는 큰 매도 듭니다. 작은 매는 곧 효과가 없어집니다. 아이들은 맞은 것에 울컥하여 형제들을 때리거나 부모를 맞받아치기도 합니다. 이제 체벌에 대해서 명확한 경계선을 그어야 할 때입니다. 현실적으로 그 선은 가장 처음 때리고 싶은 충동을 느끼는 곳에 그어져야 합니다. 만약 우리가 아이를 절대로 때리지 않겠다고 결심한다면, 우리는 체벌보다 더 나은 방법을 찾기 위해 팔을 걷어붙이게 됩니다.

때리지 않고 과연 어떻게……?

아이들의 잘못은 따끔하게 혼내야 합니다. 아주 어린아이들에겐 말만 가지고는 불충분하지요. 가끔은 어린아이들일지라도 붙잡아서 마음을 가라앉히고 얌전해지도록 만드는 것이 반드시 필요합니다. 이것은 아이가 다치지 않는 방법입니다. '서서 생각하기'는 수천 명의 부모들이 성공적으로 쓰고 있는 방법으로, 아이들이 자라면서 그렇게 길들여지는지 아닌지가 관건입니다. 때로는 앞서 말한 꼬마와 엄마의 예처럼 '달리 어떻게 할 수 없는 상황'도 있을 것입니다. 하지만 다르게 생각해보면 그냥 아이를 '안아올려서 데리고 가면' 되는 일이었습니다. 여유를 잃지 않도록 하는 게 중요하지요. 그렇게 보면 걸음마를 시작한 아이들이 조그맣다는 것은 아주 다행스러운 일입니다. 번쩍 안아서 옮길 수 있으니까요.

청소년기에는 겁을 주거나 으름장으로 가르치지 않아야 합니다. 만약 아이가 가출을 하거나 폭력적으로 반항한다면, 그것은 부모와 아이 간의 대화가 몇 년 전부터 제대로 되지 않고 있었다는 증거임이 분명합니다. 즉 부모가 사랑과 엄격함 대신 아이를 공격적으로 대해왔다는 것이지요.

많은 사람들이 자기 자신이 어린 시절 느꼈던 고통을 까맣게 잊어버립니다. 그래서 자신의 아이들에게 똑같은 고통을 주는 악순환을 반복합니다. 저는 심리상담자로서 고통이 어떤 것인지를 알고 있습니다. 너무나 많은 사람들이 눈에 눈물이 그렁그렁한 채 자신의 부모가 이성을 잃고 날뛸 때 느꼈던 수치심과 공포에 대해 얘기하고 있습니다. 그들은 제게 어릴 적에 '맞은' 흉터가 남아 있는 다리를 보여주기도 합니다. 미용사들은 많은 고객들의 두피에 어렸을 적에 생긴 흉터가 있다고 제게 말해주더군요. 그러한 흉터는 몸에 나타난 것보다 정신과 마음에 훨씬 크고 깊게 남아 있습니다. 아이가 자기를 낳아준 부모에게서 안전함과 포근함을 느낄 수 없다면 도대체 이 세상 어느 구석이 안전하게 느껴지겠습니까?

체벌을 그만두어야 할 또다른 이유가 있습니다. 부모에게서 안전함을 느끼는 아이들은 뭔가 이상하거나 잘못된 일(예를 들면 아동 성희롱 같은)이 벌어졌을 때 곧바로 부모에게 얘기한다는 것이 속속 밝혀지고 있습니다. 부모가 공포나 수치심으로 아이들을 다루면, 아이들은 부모의 질책이 무서워서 마음놓고 얘기할 수가 없습니다. 부모 때문에 무서움에 떨거나 상처받지 않은 아이들은 근본적으로 부모를 자신을 지켜주는 사람이라고 생각합니다. 아이들은 안심하고 "안 돼요. 우리 엄마 아빠한테 말할 거예요" 하고 말할 수 있게 되고, 아동 성희롱 같은 문제를 시작부터 예방할 수 있게 됩니다.

그래, 결심했어!

아이들을 통제하기 위한 수단으로서의 체벌을 그만두어야 할 때는 바로 지금입니다.

첫번째 단계는 간단합니다. 스스로 다시는 아이를 때리지 않겠다고 결심하는 겁니다. 그러면 폭력을 쓰지 않는 다른 효과적인 방법을 찾으려는 노력이 자동적으로 뒤따릅니다. 그런 방법들은 반드시 존재하며 오래지 않아 능숙해질 수 있습니다.

첫아이를 키울 때, 우리 부부는 아이가 난로를 만진다거나 하는 특정 행동을 하면 한 대씩 때려주곤 했습니다. 우리 아들은 고집이 센 편이라 매를 맞고 나면 기분 나빠하며 같은 말썽을 되풀이하곤 했습니다. 우리는 우리대로 아이를 울리니 기분이 언짢았고, 그렇다고 아이를 제대로 가르친 것도 아니었습니다. 그래서 대안을 찾기 시작했습니다. 어떤 부모들은 자녀를 결코 때리지 않는다는 것, 어떤 나라에서는 부모가 자신의 아이를 때리는 것조차 불법이라는 것을 알게 되었습니다. 또한 이미 앞에서 설명했지만 엄격하고 분명한 훈육방법이 존재한다는 것, 이 세상의 수많은 부모들이 그 방법을 사용한다는 것도 알게 되었습니다. 우리는 그 방법을 실행하기 시작했습니다. 지금에 와서는 그 방법을 발견한 것에 대해 한없이 감사하게 생각하고 있지요.

우리 모두는 갈등이 비폭력적인 협상으로 해결되는 평화스러운 세상을 갈망합니다. 그러기 위해서는 가장 기초가 되는 일을 시작해야 합니다. 우리의 가정에서부터 평화를 키우지 못한다면 결코 중동에서의 평화도 이룩할 수 없습니다.

이런 생각에 동의하신다면, 여러분도 결심

할 수 있습니다. 여러분의 자녀는 엄마 아빠가 자기를 절대로, 두 번 다시 물리적으로 상처 주지 않으리라는 것을 알게 될 것입니다. 그렇게 함으로써 아이들은 최소한 집에서만큼은 안전하고 평화로울 것입니다. 얼마나 좋은 일인가요.

결론

엄격한 사랑의 방법을 사용함으로써, 여러분은 두 마리의 토끼를 잡을 수 있습니다. 때리거나 비난하는 것은 어차피 아무도 좋아하지 않으므로 당장 그만두면 되는 일입니다. 부모인 여러분들은 여전히 가정의 주도권을 쥐고 있으며, 아이들은 어른들이 시키는 일들을 해냅니다. 그래도 아이들은 여전할 겁니다. 두 살짜리는 여전히 애를 먹일 것이고, 열네 살짜리는 여전히 태풍 같을 것입니다. 그러나 어떻게 대처해야 할지 알고 있으니 자신감 있고 분명하게 아이들에게 대응할 수 있습니다. 그러면서 가족생활의 즐거운 부분들을 만끽할 수도 있을 것입니다.

명심할 것은 항상 여러분 자신에게 맞는 길을 찾는 것입니다. '서서 생각하기'나 '대화'는 여러분이 가진 끈에 포함된 두 가닥의 실일 뿐입니다. 어떤 가족이 보내온 다음 편지에서 알 수 있듯이, 그것은 큰 차이를 만들어냅니다.

스티브 씨와 샤론 씨에게

우리는 지난 10월에 세미나에 참가하여 강의를 무척 재미있게 들었습니다. 거기서 만난 어느 여자분과는 지금도 계속 연락하고 있습니다.

당신의 세미나는 우리 부부에게 무척 시의적절한 것이었습니다. 우리는 아들을 때리고 싶지 않았지만 어떻게 해야 할지 모르고 있었기 때문입니다. 이제 우리 아이(28개월)는 '구석'에서서 "저는 지금 생각하고 있어요"라고 말할 줄 압니다. 그리고 우린 기쁨의 눈물을 흘리게 되었습니다. 아이가 너무 귀엽답니다!

메리언과 데이비드 드림

4 누가 우리 아이들을 키울 것인가?
— 탁아시설에 대하여

전화가 울렸을 때는 아침 9시 반이었습니다. 전화를 건 사람은 잘 모르는 젊은 전문직 여성이었는데 울고 있었습니다. 그녀는 자신의 4개월 된 아들을 처음으로 탁아시설에 맡기고 온 길이었으며 그날은 직장에 복귀한 첫날이었습니다.
엄마와 떨어지면서 아기는 울었고 그녀는 아기 때문에 심한 고통에 빠졌습니다. 그녀는 일에 정신을 집중할 수 없었습니다. 그녀의 머릿속은 오직 아기 생각뿐이었습니다. 아기는 지금까지의 짧은 인생 동안 엄마와 떨어져본 적이 거의 없었던 것입니다. 그녀는 어떻게 해야 할까요?

마음이 원하는 대로

직장에 복귀한 젊은 엄마들에게 많은 사람들이 조언을 해줍니다. "뭐 문제될 거 있나? 걱정 마. 애는 금방 적응할 거야." 사실 이런 일은 아이가 처음 학교에 가는 날에도 일어날 수 있습니다. 아이들은 엄마와 떨어지는 것을 곧 극복하고는 즐겁게 적응합니다. 아이 생각은 잠시 접어두고 자신의 일과 직장동료들에게 정신을 집중할 수 없을까요?

전화를 걸어온 그 엄마와 얘기를 나누어보니, 문제는 단지 눈물바람 속에 아기와 헤어진 것만이 아니었습니다. 그 엄마는 직장에 다시 나가는 것에 심각한 갈등을 느끼고 있었던 거죠.

우리는 그녀를 누르고 있는 압박감에 관해 얘기를 했습니다. 그리고 그녀 자신의 감정과 다른 사람들이 그녀에게 거는 기대를 따로따로 나누어보았습니다. 그녀의 친구들 대부분은 아기를 낳자마자 탁아시설에 맡기고 일하고 있으며, 직장상사도 그녀의 복귀를 원했습니다. 단지 5개월간 직장에서 떠나 있었을 뿐이지요.

그러나 얘기를 통해 그녀가 행복하지 않다는 것만은 분명히 알 수 있었습니다. 그녀가 원하는 것은 아기와 함께 있는 것이었습니다. 그녀는 앞으로 어떻게 할 것인가에 대해 조금씩 가닥을 잡기 시작했습니다. 그녀는 상사를 만나서 계획이 바뀌었다는 것을 설명하기로 결심했습니다. 그러고 나서는 계획을 바꾼 것을 사과하고 상사의 이해에 고마워했습니다. 상사와의 논의 끝에 1년간을 완전히 쉬고, 그후에 시간제로 일하기로 했습니다. 운이 좋은 편이지요. 능력과 기술이 있고, 남편의 수입이 가족을 부양할 만큼 있기 때문에 그런 선택을 할 수 있었습니다. 그녀는 사회와 주위 사람들이 '요구'하는 대로가 아니라 자신이 진정 원하는 대로 결정을 하게 되어 굉장히 안심했습니다.

탁아시설—새로운 방법

아주 오래 전부터 대부분의 아이들은 마을이나 공동체 등에서 부모와 가까운 친인척들에 의해 길러졌습니다. 따라서 아이를 키우는 수고와 즐거움은 그 아이를 사랑하는 모두가 공유했습니다. 오늘날도 산업화되지 않은 몇몇 지역에서는 아이들이 어른들과 함께 나날을 보내고 있습니다. 어머니들이 아기를 포대기로 업고 일하는 모습이나 꼬마아이들이 들에서 어른들과 함께 일하는 것을 흔히 볼 수 있습니다. 오직 서구사회에서만 아이들과 노인들을 사회의 주류에서 제쳐놓고 있습니다.

100년 전만 해도 대부분의 남자들은 아내를 포함한 가족들과 함께 일했습니다. 오스트레일리아에서도 97%의 남자들이 집에서 걸어다닐 수 있는 반경 내에서 일했습니다. 산업화 시대에 접어들면서 남자들이 집에 여자와 아이를 남겨두고 멀리 떨어진 곳으로 일하러 다니기 시작했고, 집으로부터 소외감이나 외로움을 느끼게 되었습니다. 1960년대에 이르러서는 여성들도 일을 하겠다고 나섰고, 집으로부터 머나먼 출근길에 합류했습니다.

줄어든 임금, 편모가정, 실업문제 등 여러 이유들로 인해 이제 많은 여성들이 가정생활과 직장일을 병행하고 있습니다. 이 때문에 여러 형태의 탁아시설에 대한 수요가 급속히 늘어났습니다. 적당한 탁아시설을 찾는 것은 대부분의 부모들의 주된 관심사가 되었으며, 이제는 '탁아산업'이라는 말까지 등장했습니다.

오늘날의 부모들에게 주어진 선택은 예전 같으면 엄청난 부자에게만 가능하던 것입니다. 우리는 전문가에게 돈을 지불하고 아이들을 하루 종일 맡길 수 있습니다. 탁아시설을 이용하기 위해 대기자 명단에 들어가는 것과 아이를 데려가고 데려오는 교통문제, 그리고 탁아시설의 수준에 관한 걱정을 벗어버린다면, 정부 보조금 등의 도움을 받아 아기의 출생부터 어른으로 성장하기까지의 전 과정을 완벽하게 남의 손에 맡길 수 있는 것입니다. (아이가 일단 학교에 들어가면 등교 전과 방과후의 탁아시설, 휴가중의 탁아시

설, 주말의 자연학습 캠프 등을 이용할 수 있습니다. 따로 아이들을 돌볼 필요가 없는 셈이죠!)

오스트레일리아의 경우만 보더라도 약 70만 명의 어린이들이 다양한 형태의 정식 탁아시설을 이용하고 있고, 그곳에서 학교에 가기 전까지 보내는 시간은 최대 12,000시간에 이릅니다.

부모가 내리는 두번째 중요한 결정

아이를 가질 것인가 말 것인가는 인생에서 가장 큰 첫번째 결정일 것입니다. 그리고 누가 키울 것인가 하는 것이 그 두번째 결정일 것입니다. 여기서 '키운다'는 말을 썼는데 그 이유는 아이들이 태어나서부터 5년 동안 지적·정서적으로 가장 많이 성장하기 때문입니다. 아이가 생후 2~3개월이 되었을 때 탁아시설에 들어가 거기서 매일 7~8시간을 보낸다면 유년기의 대부분을 탁아시설에서 보낸다고 해도 과언이 아닙니다. 그 아이들이 자라서 어떤 사람이 될지, 즉 어떻게 위안을 얻고 어떤 가르침을 받으며 어떤 가치관과 태도를 배우는지는 아이들에게 입력되는 교사와 직원 들의 서로 다른 스타일과 가치관이 어떻게 조화되느냐에 달려 있습니다. 이 아이들은 적응력만큼은 확실하게 갖추게 될 겁니다. 그러나 이 아이들이 누군가와 쉽게 가까워질 수 있을까요? 그리고 서로 다른 사람들이 주는 여러 메시지를 어떻게 소화시킬 수 있을까요?

아이를 가질 것인가, 누가 아이를 돌볼 것인가 하는 인생의 중요한 두 가지 결정은 서로 연결되어 있습니다. 어느 유아원의 원장님이 사석에서 얘기한 말이 생각납니다. (부모들이 너무 어린 아기를 점점 더 오랫동안 맡기려고 해서 그들과 한바탕 싸운 후 한 얘기입니다.) "그렇게 줄창 맡길 거면 왜 아이를 낳은 건지 이해를 못하겠어요!" 맞는 말입니다.

뻐꾸기 문화

지난 10년 동안 일종의 '뻐꾸기 문화'가 형성되었습니다. 뻐꾸기란 새는 자기의 알을 다른 새의 둥지에 몰래 낳고는 다른 새가 자기 새끼를 돌보게 만드는 습성을 지녔지요. 이러한 유행은 여성 잡지나 이상적인 라이프 스타일의 모델이 되는 유명인사들을 통해 부추겨지고 있습니다. 어떤 사람들은 아이를 돌봐줄 사람이 따로 있다는 것을 성공의 척도로 여기고 부러워하기까지 합니다.

오늘날의 사회는 '자유'를 숭배합니다. 그리고 그 자유에는 자녀로 인해 생기는 불편함으로부터의 자유도 포함됩니다. 아주 극단적인 예를 들자면, 오스트레일리아의 어떤 부류는 자녀를 창문에 매다는 장식물 정도로 여기며, 사진이나 찍기 위해 데리고 나오고, 그 외에는 다른 사람에게 맡기고 신경도 쓰지 않습니다. 유행에 따르느라 자녀를 '가졌지만' 그것으로 인해 방해받거나 귀찮아질 필요는 없다고 생각하는 거죠.

우리 인간들은 대세에 순응하는 존재이기에 '누구나 그렇게 하니까' 하는 생각으로 탁아시설을 해악이 없는 오히려 이득이 되는 선택으로 삼습니다. 수치로 나온 통계 못지 않게 시대의 유행에 따르려는 경향도 아이를 탁아시설에 맡기느냐 마느냐 하는 중요한 결정에 간혹 영향을 미치는 것입니다.

이렇게 '아이를 멀리하는' 부모가 증가하고 있다는 것은 걱정스런 일이지만, 사실 대다수의 부모들은 이와는 거리가 멉니다. 대부분의 평범한 부모들은 아이를 자기 손으로 키우고 싶어하며, 아이에게 제일 좋은 것을 해주고 싶어하고, 아이를 위해서라면 출세나 여가생활 같은 것도 기꺼이 포기할 수 있을 정도입니다. 점점 많은 남성들과 유명인사들이 자신의 경력보다는 부모 노릇을 잘 할 수 있는 길을 선택하고 있는데, 이는 무척 반가운 일입니다.

서글프게도 많은 부모들이 경제적인 이유로 인하여 어린 자녀를 떼어두고 억지로 직장에 다닙니다. 그들은 무척 마음 아파하며 고통스럽게 직장에 다닙니다. 어떤 이들은 혼란을 느끼기도 합니다. 좋은 집, 장난감, 교육비 등을 마련해주고 싶은데 그렇게 하자니 돈을 벌어야 되고 그러면 아이들이 부모를 필요로 할 때 옆에 있어줄 수 없기 때문입니다. 이유야 어찌 되었건 우리는 결정을 내리기 전에 치러야 할 대가가 어떤 것인지를 알아야 될 필요가 있습니다.

개인적인 시각

탁아시설에 대해 쓰면서 원래 가졌던 계획은 탁아에 관련된 여러 가지 사항들을 객관적으로 서술해서 부모들 스스로 결정하도록 하자는 것이었습니다. 저로서는 안전한 방법이기도 했습니다. 지금까지 오랫동안 논의되어왔던 찬반론을 정리하고 부모들이 알아서 결론을 내리게 만드는 것이었으니까요.

그런데 얼마 지나지 않아서 그런 식으로 써서는 안 된다는 것을 깨달았습니다. 제 경우를 생각해보면, 전 부모로서 내려야 하는 결정을 통계수치나 학술서적을 읽고 내리진 않습니다. 그것들을 주의깊게 보긴 하지만, 결정을 내릴 때는 제 느낌에 따르곤 합니다. 전 이 책을 읽는 독자 여러분들이 중립적인 과학적 가설보다는 정직한 제 의견을 듣고 싶어하리라고 생각합니다.

저는 오늘날 많은 부모들이 이용하고 있는 탁아시설에 대해 상당한 우려를 가지고 있으며, 그것이 어린아이들에게 주는 피해는 겉으로 드러나지 않은 채 오랫동안 지속된다고 믿고 있습니다.

저 혼자만 이런 생각을 하는 건 아닙니다. 이 분야에서 선구자라 할 수 있는 제이 벨스키 교수는 탁아시설의 폐해에 대한 증거가 희박하다고 주장했었습니다. 그러다가 1986년 입장을 바꾸어 만 3세 미만 아이들의 탁아시설에 대해 오랫동안 표명해온 지지를 철회했습니다. 1994년에는 자녀양육 문제의 세계적인 권위자 피넬러피 리치 박사가 자신의 저서 『어린이 먼저』에서 같은 주장을 함으로써 태풍을 일으켰지요. 저는 탁아시설에 있는 아기들을 보면 늘 우울해지곤 했습니다. 부모들, 보모들, 그리고 자기 자신의 어린 시절을 기억하는 어른들—이 모든 사람들과 얘기를 나눠볼수록 점점 제 생각을 확신하게 되었습니다.

여기서 잠깐, 제가 지금부터 말하고자 하는 바를 입증할 수는 없음을 분명하게 언급하고자 합니다. 연구가 아직 완전히 끝나지 않았기 때문입니다. 하지만 다른 모든 부모들과 마찬가지로 우리 아이의 인생을 잠깐 멈추게 하는 단추가 있지 않는 한, 그 연구가 끝나기를 무작정 기다릴 수만은 없습니다. 제가 말하고자 하는 것은 다음에 나오는 의견은 전적으로 제 개인적인 견해이며, 따라서 그것에 동의하거나 하지 않거나의 선택은 여러분 몫이라는 겁니다. 제 의견은 다음과 같습니다.

> 1. 3세 미만의 어린이를 탁아시설에 하루 종일 맡겨놓으면 아이들은 정신적으로나 사회적으로 대단히 결핍된 유년기를 보내게 된다. 아이가 어리면 어릴수록 또 탁아시설에 맡겨지는 시간이 길면 길수록 결핍은 더욱 심각해진다.
> 2. 여기저기 많은 부분에서 문제가 발생하고 결핍이 생기지만 정서적인 안정, 친밀감과 신뢰, 마음의 평화와 긴장 이완 등의 면에서 특히 피해가 심각해진다. 이러한 환경에 적응하기 위해 아이의 겉모습은 사회 적응력이 발달한 것처럼 보이고, 이것이 앞서 언급한 피해를 가리기 때문에 얼핏 보면 문제가 있는지 없는지를 알 수 없게 된다.
> 3. 장기적으로 이러한 결핍은 인간관계를 오래 지속하지 못하거나 친밀한 관계를 형성하지 못하는 원인이 된다. 일반적인 정신건강과 신체건강에도 영향을 받을 확률이 높으며, 이 아이들이 어른이 되어 자녀를 가지면 그 자녀들을 돌보거나 유대감을 맺는 것을 어려워하게 된다.

요약하면, 뭐니뭐니 해도 어린아이들은 자신을 사랑해주는 사람의 보살핌을 받는 것이 제일 좋다는 것입니다. 물론 부모에게 심각한 장애가 있거나 정말로 아이를 기를 능력이 없는 경우는 예외로 해야겠죠. 환경이라든가 탁아 종사자들의 전문성 같은 것도 물론 중요하지만 사랑으로 돌봐주는 것에는 감히 비할 수가 없습니다. 신체를 안전하게 보호하고 무언가에 열중하게 할 수는 있지만, 아이들의 마음속 깊숙이 있는 예민한 욕구는 아이를 오랫동안 돌보고 지켜보아온 사람의 예리한 눈이 아니면 알 수가 없습니다. 그것은 돈으로 살 수 있는 게 아닙니다.

탁아시설의 장점

이미 제시한 위험성과 함께 유익한 장점들도 검토되어야 합니다. 가족생활과 연관시켜볼 때 다음과 같은 장점이 있습니다.

- 모든 부모는 집에서 어린아이들하고만 있는 외롭고 부자연스러운 세계에서 잠시나마 벗어날 필요가 있다.
- 여성도 남성 못지 않게 경력을 쌓고 경제적으로 독립할 권리가 있다.
- 탁아시설에서의 생활을 통해 아이들은 사회성을 비롯한 여러 가지를 배우고 풍부한 자극을 받게 되며, 많은 아이들이 가족들이나 여타 보모들의 보살핌을 받으며 탁아시설에서 보내는 시간을 좋아하고 즐거워한다.
- 물질적인 문제 혹은 개인 사정 때문에 어떤 부모들은 아이를 돌볼 준비가 전혀 되어 있지 않을 수 있다. 그런 경우라면 대부분의 시간을 탁아시설에서 지내며 전문적인 보살핌을 받는 것이 아

이들에게 더 안전하고 행복을 줄 수 있어 훨씬 유익하다.

탁아시설의 장점들에 대한 자료는 풍부하며 많은 사람들이 공감하고 있습니다.

두려움을 떨치고 있는 그대로를 직시할 것

앞서 열거한 것들은 실제적인 장점들이며, 부정적인 면도 역시 마찬가지입니다. 그러나 오랫동안 이 부정적인 점은 과소평가되어 왔습니다. 부모가 죄책감을 가지게 된다거나 탁아시설에 대해 세밀한 조사가 행해질까 두려워서, 그런 이유들로 인해 탁아 '산업' 자체에 의구심을 가지게 될 바 그저 덮어두었던 것입니다. 제 생각으로는 첫번째 이유는 생색내기이고 두번째 이유는 부정직합니다.

탁아시설 종사자들은 종종 부모들의 우려를 덜어주려는 좋은 의도로 걱정할 것 없다고 하는데, 잘못된 경향입니다. 예를 들면, 탁아시설을 연구하는 학자들과 정부 산하의 탁아시설들이 합동으로 탁아시설에 관한 범국가적 기준을 제정하자는 중요한 캠페인을 벌인 적이 있었습니다. 이 캠페인은 사설 탁아산업의 격렬한 반대에 부딪쳤습니다. 그들은 이 캠페인의 대변인을 이렇게 비난했습니다. "전문교육을 받지 않은 열다섯 살 아이가 45명의 아이들을 돌본다는 식의 사례만 강조하는데, 우리는 그런 것을 보여주면서 부모들의 히스테리를 유발하고 싶지 않습니다!" 의도는 좋습니다. 하지만 어째서 다른 집단의 사람들보다 부모들이 더 히스테리컬하다고 얘기하는 거죠? 부모들은 자녀에게 실제로 무슨 일이 일어나는지 알아야 하고, 탁아시설은 당연히 이에 대해 알려줘야 한다고 생각합니다.

빠르게 확산되고 있는 탁아시설들을 이용하는 것은 위험한 일일까요? 아니면 부모들이 좀더 나은 인생을 누릴 수 있도록 자유로운 시간을 마련해주는 훌륭한 방법일까요? 탁아시설은 아이에게 있어 부모 노릇에 서툰 엄마 아빠를 대신하는 다행스런 존재인가요? 중간적인 입장으로, 탁아시설을 적절하게 이용해서 아이들의 유년기를 풍부하게 만드는 기회로 삼아야 할까요? 어쨌든 탁아시설 붐은 거대한 사회적 실험이며 아주 가까이에서 면밀히 살펴보아야 한다는 게 제 생각입니다.

이 장에서는 왜 사람들이 어린 자녀를 두고 직장으로 복귀하는지, 그리고 그 이유들이 타당한 것인지를 살펴보겠습니다. 아이가 어느 정도 자랄 때까지 부모 한쪽이 2~3년 정도 같이 있는 것이 실제로 더 나은 건지, 과연 더 큰 기쁨을 줄 수 있는지에 대해서도 논의하려고 합니다.

그리고 나서 현실적으로 이용 가능한 탁아시설들의 종류를 살펴봄으로써 여러분이 탁아시설을 이용하려 할 때 현명한 선택을 할 수 있도록 도우려고 합니다. 또 탁아시설의 위험스러운 측면을 점검함으로써 아이가 그 영향으로 인해 어떤 피해를 받는지 분석할 수 있도록 할 것입니다. 일단 여러분에게 이런 정보들이 충실하게 전달된다면 자신에게 적합한 선택을 하기가 더 쉬워질 거라고 기대합니다.

> **선택의 여지가 없다면? — 엄마가 꼭 직장에 다녀야 하는 경우**
>
> 　남편의 수입이 적거나 남편이 실직중인 엄마들, 또는 편모들의 경우에는 선택할 여지도 없이 직장에 다녀야만 한다. 아무리 아이와 함께 있기를 원한다고 해도 말이다. (이것은 국가적인 비극이다. 이에 대한 국가의 정책은 5장에서 다루었다.)
> 　엄마가 직장에 꼭 다녀야 한다는 필요성을 일단 이해하면 아이들은 그 상황에 적응할 수 있다는 것이 나의 견해다. 아이들에게는 직감적으로 진실을 느끼는 능력이 있다. 엄마가 집에서 자신과 함께 있고 싶어하지만 선택의 여지가 없다는 것을 느끼면 아이의 자긍심은 그렇게까지 심각하게 손상되지 않는다. 그러나 엄마가 자신에게 관심이 없고 그래서 함께 있고 싶어하지 않는다면 아이의 자긍심은 몹시 심각하게 손상된다.

젊은 부모들의 자신감 저하

　직장에 복귀하는 젊은 부모들이 때때로 자신들은 '부모 노릇'을 썩 잘하지 못한다고 주장할 때가 있습니다. 그래서 자녀가 전문적인 보육교사들과 함께 있는 게 더 나을 거라는 얘기지요. 좋은 부모 혹은 나쁜 부모가 된다는 게 그렇게 단순한 일은 아닙니다. 처음부터 부모 노릇을 잘해내는 사람은 거의 없습니다. 아이와 오랜 시간을 함께 보냄으로써 좋은 부모가 될 수 있는 것입니다. 그것이 바로 관계 맺기의 시작과 끝이며, 상업적인 서비스와의 차이점입니다.

　전문성을 갖춘 보육교사들은 미숙한 부모들의 자신감을 위축시킵니다. 때때로 그 부모들은 자신들이 상황을 더욱 악화시키고 있다고 느낍니다. 그들은 자신감을 잃고 자신은 그 전문가들처럼 아이를 사랑하거나 돌보는 능력이 없다고 생각하며 또 그들만큼 아이에게 관심을 기울이지 못하고 있다는 생각에 아이로부터 멀어진 느낌을 갖게 되지요. 다른 사람이 자신의 아기를 잘 다룰수록 자존심은 무너집니다.

　누군가 아이 기르기를 도와주고 싶다면 차라리 그 부모를 도와서 부모 노릇을 제대로 할 수 있게끔 하는 게 바람직합니다. 필요한 기술을 가르쳐주고, 부모와 아이가 서로 긍정적인 영향을 주고받도록 하고, 우선은 부모가 자기 자신부터 보살펴야 한다는 것도 알려줍니다. 도와준답시고 아기만 돌봐주는 것보다는 부모를 도와주는 게 훨씬 제대로 된 일이라고 봅니다.

　탁아시설을 통해 안정성이나 일관성 등 어린아이의 세계를 떠받치는 중요한 심리적 지주를 얻는 것은 불가능한 일입니다. '훌륭한' 탁아시설이라 하더라도 아이는 학교에 가기 전 4년여를 수십 명의 제각각 다른 사람들에 의해 보살핌을 받게 됩니다. 탁아시설을 한 곳만 이용하는 것도 현실적으로는 어려운 일이죠. 최근의 조사에 의하면 어떤 가족은 한 군데에서 아이를 장시간 동안은 맡아주지 않기 때문에 서너 군데의 탁아시설을 병행해서 이용하기도 한답니다. 또다른 조사에 의하면 탁아시설끼리도 서로 다른 게 너무 많다고 합니다.

적당히 절충하는 게 아닌 균형 맞추기

이제 막 걸음마를 시작한 아이와 함께 주택이나 아파트에서 단둘이서만 지내다 보면 미칠 것 같은 심정이 되기 십상입니다. 이때 주위 사람들의 도움이 필요한데, 단순히 집안일이나 아기를 돌봐주는 차원이 아니라 부모가 다른 사람들과 만나고 어울릴 수 있도록 그리고 개인적인 활동을 할 수 있도록 도와주어야 합니다. 아이 못지 않게 어른의 복지도 중요하므로 우리는 아이를 안전하게 돌보는 것으로 부모까지 보살피는 효과를 줄 수 있는 방법을 찾아야 합니다.

친구나 가족이 와서 보살펴주고 탁아시설까지 이용하면 아이의 하루가 각 시간별로 잘 짜여져서 가족의 생활이 크게 향상됩니다. 요점은 아이에게 정말 필요한 게 어떤 것인지 아는 것입니다. 그러나 이 부분에 대해서는 지금까지 논의된 게 별로 없습니다. 탁아시설은 어른들의 편의에 의해 만들어진 것이지, 아이들의 필요에 따라 생긴 게 아니기 때문입니다. 아이들의 필요는 나중으로 미루어졌지요.

최근의 연구 결과들을 살펴보면, 탁아시설에서 유익하고 좋은 유년기를 보낼 수 있다는 통념이 점차 뒤집어지고 있다고 합니다. 이제야 상식적인 생각으로 되돌아가고 있는 것입니다. 저는 부모들이 직접 자녀를 돌보고 키우는 쪽으로 세태가 바뀔 것이라고 예상하고 있습니다. (오늘날 한편에서 시도되고 있는 가상현실을 이용한 육아보다는 부모가 직접 자녀를 돌보려는 경향이 많아질 것입니다.) 또한 젖먹이나 걸음마를 시작한 지 얼마 안 되는 어린아이들을 탁아시설에 맡기는 추세는 부모들이 그 심리적 폐해를 깨닫게 됨으로써 급격히 감소할 것이라 예상하면서, 동시에 그렇게 되길 희망하고 있습니다.

신문기사 중에서

새로 발표된 연구 결과에 의하면, 직장여성 중 탁아시설에 어린아이를 보내는 어머니들은 아이와 헤어져 있는 것 때문에 높은 수치의 스트레스에 시달리고 있다고 한다. 일부 어머니들은 정신과 의사의 치료가 필요할 정도로 심각한 스트레스에 빠지기도 한다는 것이 밝혀졌다.

멜버른 대학의 연구팀은 경제적 문제로 인하여 두 살 미만의 아기를 주택가의 탁아시설에 보내고 직장에 다니는 80명의 어머니를 면담했다. 탁아시설에 아이를 맡긴 후 처음 한두 달 동안은 많은 어머니들이 심한 정신적 고통에 시달렸다. 80명 중 4명의 어머니가 의학적으로 심각한 우울증에 시달리고 있는 것으로 밝혀졌다.

그 어머니들은 3명에 1명꼴로 직장생활보다는 집에서 아이를 돌보고 싶어했다.

반대로 직장에 나가지 않고 집에서 아이를 돌보는 80명의 어머니들을 조사한 결과 앞에서 언급된 수준의 불안감은 나타나지 않았다.

―「일하는 엄마들은 아이를 떼어놓으며 고통을 느낀다」,
『머큐리 신문』, 호바트, 1993년 2월 13일자

아이가 어릴 때 집에 있어야 하는 일곱 가지 뻔뻔스러운 이유

1. 나는 이기적이니까—왜 내가 나의 아름다운 아이들을 보살피는 즐거운 일을 다른 사람에게 넘겨주고 그 비용을 지불하려고 노예처럼 일해야 하나? 왜 다른 사람이 내 아이의 첫 걸음마를 보며, 아이가 새로운 단어를 말하는 걸 보면서 즐거워해야 하나? 왜 다른 사람이 내 아이가 주는 황홀한 애정을 받아야 하나? 그건 내가 받아야 돼!

2. 내가 최고니까—어느 누구도 나만큼 내 애를 키울 순 없어. 어느 누구도 내 아이들에 대해 나만큼 느끼진 못해. 어느 누구도 나만큼 내 아이들을 속속들이 알진 못해.

3. 나는 굉장히 조심스러우니까—나는 위험이나 학대로부터 아이들을 지키는 것, 아이들의 민감한 감정, TV 등의 언론매체에 노출되는 것들에 대해 굉장히 까다로워. 아이들과 항상 함께 있으니까 이 문제들에 관해서 걱정할 필요가 없지. 애들이 안전하다는 걸 눈으로 볼 수 있으니까.

4. 나는 함께 노력하는 걸 좋아하니까—우리 부부는 뭐든지 함께 잘해내지. 자녀양육에 있어 서로를 보완해주고 또 그렇게 하는 것을 좋아하거든. 그게 우리 부부를 가깝게 만들기도 하고.

5. 나는 가난하지만 자랑스러워—나는 자긍심이 강해서 훌륭한 가구나 비싼 옷, 멋진 집이나 차 같은 건 필요없어. 생활필수품 정도만 있으면 돼. 무슨 돈이 더 필요하겠어? 우리 애들이 나의 보석인데.

6. 나는 게으르니까—아이들을 안전하게 보호하고 안정감을 느끼도록 해주고 튼튼하고 말썽피우지 않게 키우는 것은 훗날

내 자신을 위해서 그러는 거야. 그렇게 하면 아이들이 별탈없이 사춘기를 보내게 될 테고 나도 편해지겠지. 그리고 난 아이들에게 온갖 집안일을 가르치고 있어.

  7. 나는 푹 빠져 있으니까—나는 아이들이 점점 성장하는 것, 우리가 서로 주고받는 애정을 즐기고 있어. 나만의 시간이나 다른 사람들과 함께 보내는 시간을 어떻게 쓸지 결정하고 또 나의 페이스를 점검할 수 있는 자유를 즐기고 있어. 그리고 계절의 변화에 따라 바뀌는 아이들과의 활동, 아이들이 나를 젊게 만드는 것 모두를 즐기고 있어. 그리하여 나는 (이 짧은 동안이나마) 아이들 세계의 중심이 되지.

이제 '풍요롭던' 1980년대를 지나 '현실을 깨닫는' 1990년대도 저물고 있습니다. 많은 것들, 특히 '아이에게 거리를 두는' 양육법 등을 새로운 시각으로 봐야 할 때입니다. 탁아시설 앞에 줄지어선 사람들이 탁아시설에서 빠져나오는 사람들의 물결을 만나게 될 날도 멀지 않은 것 같군요.

부모들이 탁아시설을 선택하는 이유

부모들이 아이를 낳은 후 직장으로 복귀하는 데에는 네 가지 중요한 이유가 있습니다.

1. 심각한 경제문제

많은 부부들이 생계 때문에 맞벌이를 해야 합니다. 혼자된 어머니들 또한 자녀에게 필요한 것들을 마련하기 위해 일을 해야 하죠. 이런 가족들에게 탁아시설은 필수적입니다. 직장에 다니는 어머니들 중 62%가 아이들이 학교에 입학하기 전에는 집에 있고 싶다고 설문조사에 응답했습니다.

2. 상대적으로 느끼는 경제문제

많은 부부가 맞벌이의 필요성을 느끼는데, 정확하게 말하자면 이것은 상대적으로 높은 생활수준을 누리고자 하는 욕구 때문입니다. 남녀가 직장생활을 하다가 결혼을 하고 아이를 낳고 하는 과정을 거치면서 처음에 누렸던 높은 소비수준에 익숙해지고 나면 아이가 생기고부터 쪼들리게 됩니다. 수십 년 전만 해도 아이들이 뭔가 필요하다고 해도 안 사주고 그냥 지내는 것이 보통이었고 크게 문제되지 않았습니다. 그러나 이제는 사정이 다릅니다. 각종 매스컴에서 접하게 되는 이미지와 강요받는 기대, 그리고 냉혹한 경쟁사회에서 살아나가려면 실제 필요치보다 훨씬 더 많은 수입이 있어야 합니다.

3. 동년배들에게서 오는 압박감

많은 어머니들이 직업을 '가져야만' 한다고 느끼고, 그렇게 해야 한다는 것을 '이미 결정난' 것으로 여기고 있습니다. 따라서 전업주부로 '그냥' 아이만 키우게 되면 자신에게 뭔가 결함이 있는 것같이 느끼게 되지요. 페미니즘은 어머니로서의 역할에 대해 모호한 입장을 취해왔으며, 아이를 기르는 일은 때로 그 가치가 평가절하되어왔습니다. 남자들의 경우 역시 직장생활보다 아이를 키우고 싶어하면 이상하게 여기지요.

오스트레일리아에서 아이가 한 살이 되기 전에 아이를 맡기고 직장에 복귀하는 어머니는 26%, 아이가 네 살이 될 때까지 직장을 갖는 어머니는 45%, 아이가 여섯 살이 될 때까지 직장을 갖는 경우는 59%이다. 한편 풀 타임으로 일하는 아버지는 전체 가족의 약 70%이며, 약 5%의 아버지들만이 전적으로 아이를 맡아 돌보고 있다.

4. 자기 경력을 쌓는 일에 보람을 느끼는 경우

어떤 어머니들은 자기 일에 굉장히 만족하고 즐기는 나머지, 집에서 아이들과 있는 것 못지 않게 직장생활이 좋다고 합니다. 때로는 아버지가 직장생활보다 아이 키우는 것에 더 흥미가 있는 경우도 있습니다. 그런 경우는 역할을 바꾸면 되죠. 그러나 양쪽 부모가 전부 아이들에게 큰 관심이 없으며 다른 일을 아이보다 우선시하는 경우도 있습니다.

선택의 여지는 있으나, 부모 노릇을 달가워하지 않는 경우

태어난 지 얼마 되지 않은 갓난아이를 돌보는 탁아시설이 있다는 사실은 많은 사람들이 아예 처음부터 대부분의 시간 동안 아이를 남에게 맡길 요량으로 아이를 가진다는 것을 말해줍니다. 생계 때문에 어쩔 수 없이 그러는 경우도 있겠지만 그렇지 않은 다른 이유 때문일 수도 있습니다. 어떤 부모들은 자신이 아이를 잘 돌보지 못한다고 느끼며, 따라서 남에게 맡기는 것이 차라리 낫겠다고 생각합니다.

> 사실상 처음부터 훌륭하게 부모 노릇을 할 수 있는 사람이 몇 명이나 되겠는가? 훌륭한 부모가 되는 데에는 연습이 필요하다. 부모 노릇이란 취미생활이 아니며 어려운 일이 닥쳤다고 도망쳐버릴 수 있는 성질의 것도 아니다. 부모들은 인생의 각 단계마다 커다란 어려움에 부닥치게 마련이다. 모든 어머니들이 아기를 좋아하는 것은 아니다. 어떤 이들은 걸음마를 시작한 아이에게 두손들고, 어떤 이들은 십대의 자녀에게 질려버린다. 모든 부모들은 가끔씩 포기하거나 아예 손떼고 싶은 기분을 느낀다. 그러나 결국 포기할 수는 없다.
>
> 우리는 부모 노릇을 하면서 우리 자신에 대해 배우고 제대로 알게 되며, 어떻게 하면 아이들과 만족스럽고 행복하게 지내게 되는지를 깨닫는다. 바로 그것이 우리가 수많은 위기에 직면해도 포기하지 않게 되는 이유이다.

탁아시설은 아이들에게 해로운가?

　1960년대에 탁아시설이 아이들에게 해를 끼치는 건 아닌지에 대해 약간의 우려가 있었습니다. 한데 이에 대한 연구 결과는 약간의 편차가 있음에도 부모들을 안심시키는 내용이었습니다. 탁아시설의 어린이들은 적응력이 더 좋아 사회성이 발달되며, 더 긍정적이고 자신감이 있었습니다. 다만 이 결과를 비판하는 사람들은 조사 자체가 연구자들의 편의에 따라 대학교 부설 탁아소같이 질적으로 우수한 탁아시설을 대상으로 이루어진 것이기 때문에 일반적인 현실과는 거리가 멀다는 점을 지적했습니다.

　1970년대에는 탁아시설의 '질'에 대한 문제로 관심이 집중되어 과연 수준에 따라 어떤 차이가 있는지에 대한 조사가 있었습니다. 당연히 아이들의 숫자가 적고, 전문적인 교육을 받은 보육교사들이 많으며, 아동 한 명당 교사의 수가 많을수록 우수하다는 결과가 나왔습니다. 반면, 탁아시설에 수용된 아동의 수가 많을수록 '무관심과 스트레스' 같은 문제가 나타났고, 교육 프로그램이 허술할 경우에는 조금 위 연령층의 아동들에게서 '지루함과 외면'의 문제가 나타났습니다.

　1980년대에는 부모들이 자녀에게 제공되기를 바라는 질적으로 우수한 탁아시설이란 현실적으로 존재하지 않는 게 아닌가 하는 의문이 제기되었습니다. 보육교사들과 아이들 간에 안정되고 따뜻한 연대감이 형성되어야 한다는 문제가 또다시 관건이 되었습니다. 게이 오킬트리는 그녀의 저서 『오스트레일리아 가정의 어린이들』을 통해 탁아시설의 교사들이 지나치게 자주 바뀐다는 사실을 지적했습니다. '애착을 느끼던 누군가를 잃는다는 것은 어린아이들에게 굉장히 고통스러운 일이 될 수 있다. 탁아시설 보육교사들의 40%가 매년 바뀌고 가정에서 아이를 돌보는 가정보모(베이비시터)들의 60%가 매년 바뀐다는 사실을 나란히 놓고 보면 심각한 우려를 하지 않을 수 없다'는 것이지요. 이 수치들이 미국의 경우이긴 하지만 오스트레일리아 역시 보육교사의 임금이나 사회적 지위가 낮기 때문에 비슷한 경향을 보이고 있습니다.

제이 벨스키가 뛰어난 통찰력으로 심혈을 기울여 쓴 「영아 탁아시설, 두려워해야 할 이유」라는 논문은, 전 세계에 걸친 온갖 조건의 탁아시설에 관한 수백 종류의 연구 결과를 분석해놓았습니다.

그는 그 많은 연구들이 모두 특정한 반복현상을 보이는 피해양상을 제시하고 있다는 것을 발견했습니다. 특히 '한 살이 되기 전에' 탁아시설에 맡겨진 아이들에게 다음과 같은 네 가지의 염려스러운 결과가 보인다고 정리했습니다.

• 어머니의 역할을 해주는 사람이 없어서 나타나는 위축행동 ─ 엄마 가까이 가지 않거나 엄마에게서 전적인 안심을 느끼지 못한다. 또 탁아시설에 있었던 경험이 엄마에 대한 분노로 이어져 엄마 품에서 안식을 찾으려 하지 않는다. 다른 어떤 곳에 애정을 느낀다거나 혹은 애착을 느낄 대상을 아예 만들지 않는다.

• 공격적인 성향의 증가 ─ 그때 당시에 나타날 수도 있고 훗날 학교에 다니면서 나타날 수도 있는 성향이다. 화가 났을 때 얘기나 산책, 조용히 있는 것 등으로 화를 풀지 않고, 남을 공격하거나 때리고 욕하고 싸우게 된다.

• 말을 전혀 듣지 않는 것 ─ 어른의 부탁이나 명령을 무시하고

거역한다. 요구되는 것과 반대로 행동하거나 반항적이 된다.

• 사회적인 거리감—사회생활을 회피하거나, 옆에 어른이 있는 것을 피하고 혼자 있으려고 한다.

이 네 가지 현상은 광범위한 계층을 대상으로 연구한 결과들에서 공통적으로 나타났습니다. 서민층, 중산층, 상류층, 불안정한 탁아시설에서부터 우수한 탁아시설, 형편없는 탁아시설, 심지어는 집에서 보모가 돌본 아기들까지 거의 모든 경우에서 말입니다.

이 현상들은 그리 놀랄 일이 아닙니다. 여러 아이들을 돌보고 있는 보모의 관심을 얻기 위해 경쟁적이 되고, 그 보모들마저 자주 바뀌고, 시끄러운 가운데 자기만의 공간이 없는 보통의 탁아시설에 들어가게 되면 어린이들은 자기 자신을 지켜야 한다는 것을 배우는 것입니다. 아이들은 하루의 대부분을 곁에 있어주지 않는 엄마를 포함해서 어른들을 너무 신뢰하면 안 된다는 것을 배울 수도 있습니다. 아이들은 자기 나름의 최선으로 적응하며, 그중 몇몇은 더 잘 적응하기도 합니다.

"탁아시설에 다닌 아이는 티가 나요."

이 장을 쓰기 위해 부모들과 면담할 때, 직업이 초등학교나 유치원 교사인 부모들이 털어놓은 얘기에 주목하게 되었다.

"학교에 입학하기 전에 탁아시설에 있었던 아이들을 가려낼 수 있어요! 그애들은 분명 다르거든요."

"뭐라 꼬집어 얘기하긴 어렵지만 그애들은 차갑다고나 할까, 상대방을 인간으로 보는 관심이 없어요. 상당히 교묘해요."

"대부분의 아이들은 엄마 손을 잡고 오거든요. 엄마가 가고 나면 처음엔 불안해하다가도 금방 엄마를 믿는 마음을 우리 교사들에게 주지요. 그런 애들은 굉장히 사랑스럽고 쉽게 다가갈 수 있어요. 탁아시설 경험이 있는 애들은 좀 딱딱해 보여요. 그냥 다른 장소에 와서 다른 사람을 만나는구나 하는 느낌뿐인가 봐요. 그애들의 부모도 대개는 만나보기 힘들지요. 그애들은 아침 일찍 집에서 탁아시설로 갔다가 등교시간에 맞춰 학교로 와서는 다시 탁아시설에 있다가 집으로 가는 것 같더군요."

"그애들은 어른들을 많이 만나고 거기에 대해 특별한 느낌이 없는 것 같아요. 학교에서 수업이나 교우관계 등은 웬만큼 잘 따라가요. 그런데 그게 일종의 체념한 듯한 감정이에요. 그애들은 대개가 거칠고 침울한 것 같아요."

이런 면들을 잘 살피면 '탁아시설은 아이에게 해로운가' 라는 질문에 어느 정도는 분명히 답할 수 있습니다. 만약 여러분의 자녀가 앞의 네 가지 현상을 지속적으로 보이면 답은 '그렇다' 가 되는 것이지요.

탁아시설의 비교

여러 종류의 탁아시설이 각각 제공하는 서비스는 조금씩 다릅니다. 각기 장점과 단점이 있는데, 구체적인 내용을 알아본 후 적합한 곳을 찾아보시기 바랍니다.

어린이집

대부분의 어린이집들은 커다란 가정주택처럼 생겼습니다. 대개 아침 출근시간부터 퇴근시간대까지 문을 열며, 야근하는 부모를 위해 더 늦게까지 여는 곳도 있습니다. 매일 하루 종일 맡기거나 한나절 혹은 2~3시간 정도의 시간대로 나누어 맡길 수 있고, 비정기적으로 가끔씩 맡길 수도 있습니다. 직원들의 숫자와 맡을 수 있는 아동의 정원, 실내공간이나 실외공간의 면적, 부대시설 등이 법규로 정해져 있습니다.

탁아나 유아교육에 관한 자격증을 갖춘 보육교사가 일정 수 이상 있어야 하며, 시설과 수준이 양호한 어린이집의 경우 유치원과 비슷한 프로그램의 활동과 놀이를 할 수 있습니다.

비용은 약간씩 차이가 있으며 정부가 보조하는 곳과 부모가 전적으로 부담하는 곳이 있는데, 각 가정의 입장이나 상황에 따라 비쌀 수도 있고 저렴할 수도 있습니다. 어떤 부모들에게는 비용(아이를 데려다주는 비용까지 고려한)과 시간을 고려할 경우, 사실상 부담하기 벅찬 수준이기도 합니다.

최근의 바람직한 변화 추세로 직장에 탁아시설을 설치한 곳도 생기고 있습니다. 휴식시간이나 점심시간에 아이와 놀 수도 있고 모유를 먹일 수도 있으며, 아이를 맡기기 위해 왔다갔다하는 비용을 줄일 수 있기 때문에 부모와 아이 모두에게 편리한 방법입니다. 이것은 사실 고용주에게도 이익이 되는데, 부모인 직원들이 안정되고 행복해하며 따라서 효율성도 높아지기 때문입니다.

놀이방

놀이방은 아이를 가진 어머니가 자기 집에서 이웃의 아이들을 모아서 돌보는 소규모 가정 탁아시설입니다. 놀이방을 고를 때는 경험이 풍부한 곳인지, 거기서 지내는 아이와 보모들이 행복해하고 규모 있게 꾸려나가는지를 살펴야 합니다. 직접 아이를 맡을 보모나 그 집의 분위기에 대한 여러분의 직관적인 느낌을 믿고, 그곳에서 지내는 아이들의 태도를 주의깊게 살펴보십시오.

놀이방의 큰 장점은 일반 가정과 똑같은 분위기라는 점과, 아이의 보모 역시 한 아이의 어머니이므로 여러분의 아이와도 안정적인 관계를 이룰 수 있다는 점입니다. 믿음을 쌓는 방법은 어느 경우에나 마찬가지로, 시간을 들여서 그 사람을 알아가는 것이 유일한 방법입니다. 운이 좋다면 그 보모가 자녀 인생에 훌륭한 도움이 될 뿐 아니라 가족의 친구가 될 수도 있습니다.

 이런 소규모 놀이방은 대규모의 어린이집에 비해 친근한 느낌을 줄 수 있습니다. 보모와 함께 차를 마신다거나 얘기를 나누며 서로에 대해 더 잘 알 수 있고, 친구가 될 수도 있습니다. 이런 좋은 분위기의 놀이방을 구하려면 직접 찾아다니며 눈으로 확인하고 상세히 물어봐야 합니다. 되도록 적은 수의 아이들을 돌보는 곳을 찾는 것도 좋은 방법입니다. 이 놀이방들이 주는 책임감 있고 능숙한 혜택을 생각한다면 비용 부담이 적은 편이며, 지역사회 내의 이런 소규모 시설들은 부모나 국가 모두에 유익하다고 할 수 있습니다.

> 지나친 걱정이라고 할 수도 있지만, 탁아시설에서 일어나는 성희롱 같은 문제도 그냥 지나쳐버릴 수만은 없다. (오스트레일리아의 병원 통계자료에 따르면, 심각한 아동 성희롱의 약 10%는 탁아시설에서 발생한다고 한다.) 성희롱은 놀이방에서 그 집 남편이나 좀더 큰 남자아이 혹은 여자아이에 의해 저질러질 수 있고, 직원이나 방문객에 의해 일어날 수도 있다. 이쯤 되면 아이가 자기에게 무슨 일이 있었는지를 말할 수 있는 나이가 되어야 다른 사람들 손에 맡길 수 있는 게 아닐까 하는 생각이 든다.*

---

 * 오스트레일리아의 아동 성희롱은 일반적으로 우리나라에서 생각하는 것과는 큰 차이가 있다. 아이가 싫다는데 껴안는 경우, 심지어 예쁘다며 머리를 쓰다듬는 행동까지 포함되며, 그 동기에 따라서도 아동 성희롱이라고 규정되는 범위가 확장된다.―옮긴이

유치원

유치원은 학교에 입학하기 전의 아동들을 돌보는 곳으로 아이들에게 부분적으로 학교생활을 연습시키는 곳이라 할 수 있습니다. 유치원은 대다수의 부모들에게 좋은 탁아시설입니다. 학교의 연장선상에 놓여 있고 단순히 아이들을 돌본다는 목적만 가지고 운영되는 곳은 아니므로 다른 탁아시설들에 비해 더 교육 지향적이라고 볼 수 있습니다. 유치원의 일과는 대체로 한나절이나 조금 더 긴 시간 동안 운영되며 대부분 주 5일 문을 엽니다.(교육학자들에 의하면 어린아이들이 이렇게 틀에 짜인 환경에서 보내는 시간은 이 정도가 충분하다고 합니다.)

아이를 맡아주는 시간이 짧은 편이기 때문에 가정에 있는 부모들에게는 이상적이지만 직장을 다니는 경우라면 그다지 편리한 편은 아닙니다.

가정보모(베이비시터)

집에서 아이를 봐주는 가정보모는 부모가 선택하여 고용하는, 일대일로 아이를 돌봐주는 사람입니다. 당연히 비용이 많이 들며, 그 수준은 개개인에 따라 천차만별이지요.(아이를 돌보는 것보다 TV 앞에만 붙어 있을 수도 있으니까요!) 이 일은 적성에 맞지 않는 사람에게는 아주 외로운 일입니다. 어느 어머니의 경험담에 의하면 아들이 만 한 살이 될 때까지 6개월 동안 무려 세 명의 가정보모를 거쳤다고 합니다. 그녀는 자기 얘기 끝에 "열일곱 살 처녀아이한테 하루 종일 젖먹이와 있는 건 그리 재밌는 일이 아니겠죠?"라는 물음을 던졌습니다. 그 물음에 대답하자면, 그건 젖먹이한테도 재미있는 일은 아니라는 것입니다. 가정보모의 장점은 아이가 집에서 보살핌을 받는다는 점입니다. 운좋게 아주 훌륭한 사람을

만난다면 가족에게 엄청난 도움이 되지요.

보모를 고용해본 부모들은 잘 알겠지만, 아이를 아무리 잘 보살핀다 하더라도 가정보모에게는 부작용이 있습니다. 미국과 캐나다의 가정을 조사한 결과, 훌륭한 보모는 사실상 부모와 아이 간의 관계에 약간의 걸림돌이 될 수도 있다는 것이 밝혀졌습니다. 왜냐하면 아이는 항상 곁에 있고 자신에게 따뜻함을 주는 사람에게 자연적으로 끌리기 때문입니다. 부모와 가정보모 간에 아이와 함께 보내는 시간을 잘 조절해서 균형을 맞추면, 보모에게만 지나치게 의존함으로써 생기는 이런 문제를 방지할 수 있습니다. 아이에게는 사랑을 쏟아주는 사람이 많으면 많을수록 좋으니까요.

가족이나 친구들

부모가 돌보는 경우를 제외하고는 가장 흔하게 볼 수 있는 형태로서, 할아버지나 할머니, 이웃들이 아기를 돌봐주는 경우입니다. 오스트레일리아에서는 특히 이민자 가정에서 선호되는 모습인데, 가족이나 민족 특유의 문화가 그대로 유지되는 분위기 내에서 각별하면서도 끈끈한 유대감을 가질 수 있기 때문입니다.

가족이나 친구가 아이를 돌볼 때도 마찬가지의 주의를 기울여야 하며, 모두에게 부담이 가지 않게 그리고 공정하게 되도록 신경을 써야 합니다. 그러나 대체적으로 아이들은 사랑 속에서 보살핌을 받으며 지내게 됩니다. 왜냐하면 그들은 가족이니까요. 그리고 이렇게 아이를 키우는 기쁨과 노고를 함께 나누는 것은 충분히 가치 있는 일입니다.

훈육 ─ 보모들이 직면한 문제

보모들은 말썽이 생길 여지를 피하려고 한다. 집에서 부모들이 아이를 혼낸다거나 실랑이가 벌어졌을 때에는 멀찍이 서 있으려고 주의한다. 그런데 아이들은 이 훈계를 통해 인생의 중요한 교훈을 얻으므로 보모들의 이런 태도는 문제가 될 수 있다.

어린이집 같은 곳에서 아이들이 말썽을 일으키면 보육교사들은 정면대결을 피하고, 그냥 아이들을 혼란스럽게 하거나 달랠 뿐이다.(부모들이 보육교사들의 지나친 훈육을 바라지 않으므로) 애정도 마찬가지다. 물에 탄 듯 희석이 된다. 아이들은 낮잠을 어린이집의 매트 속에서 잘 뿐, 사랑을 가득 담은 친지의 팔에 안겨 안락의자에서 자는 게 아니다. 보모들이 이렇게까지 애정을 쏟으려면(사실 그렇게 하는 보모들이 많지만) 그들은 이 일에만 매달려야 한다.

말썽을 일으키는 아이들은 다른 아이들보다 많은 시선을 받는다. 공격적인 아이들이나 주의가 산만한 아이들은 관심의 대상이 되고, 착하게 행동하는 아이들은 눈에 띄지 않게 된다. 보모들은 이른바 '찍히기 증후군'에 대해 말한다. 아이가 들어온 처음 하루이틀 동안 적응을 잘 못해 힘든 시간을 보내면 문제아로 분류된다. 그리고 이렇게 찍히고 나면 소문이 돈다. 처음 선생님이 다음 선생님에게, 첫해에서 두번째 해로, 이 '찍힘'은 아이가 학교에 갈 때까지 따라다닌다.

부모들은 자기 아이를 혼낼 때는 기본적으로 남의 아이들과는 다르게 한다. 한 어린이집의 원장은 자신의 아이를 다른 어린이집에 보내고 있었다. 그녀는 자신의 어린이집에 자기 아이

> 가 속해 있다면, 그건 불공평하다고 생각한 것이다. 다른 어린이집의 원장은 이와는 정반대의 생각을 갖고 있었다. 그녀는 자기 아이를 다른 데 보낸다는 것은 꿈에도 생각지 않고 있었다.
>
> 부모들은 모두 자기 아이에게 뜨거운 관심을 갖고 있다. 여러분이 친구한테 아이 얘기를 시시콜콜 끝도 없이 늘어놓을 때, 그 친구가 얼마나 지루함을 참고 있는지 한번 보라. 아이의 입장에서 보면, 태어나서 처음 2~3년간은 자기를 사랑해주기만 하면 어느 누가 보살핀대도 아무런 상관이 없다. 누군가가 아이가 자라는 모습을 열심히 지켜보고, 자신이 투자할 수 있는 최선의 것을 주고, 자랑스러움을 느낀다면! 그러나 부모말고 과연 누가 그렇게 할 수 있겠는가? 보모들 역시 진심으로 아이의 복지와 성장에 대해 신경 쓴다. 그러나 그들이 아무리 정성을 기울인다고 해도 일반적인 애정과 상냥함일 뿐, 집중의 정도와 투자하는 면에서 결코 부모와 같아질 수는 없다.

전반적인 추세

오늘날 오스트레일리아에서는 다른 국가들에 비해 훨씬 많은 여성들이 직장생활을 하고 있습니다. 전체 노동인구의 42%가 여성으로, 25%인 독일, 27%인 영국, 22%인 아일랜드, 36%인 이탈리아에 비해 상당히 높은 비율이죠. 여성 취업인력의 비율이 더 높은 나라는 미국뿐이며, 미국의 경우 50%에 육박하고 있습니다.

어린이집 같은 대단위 시설은 부모들의 최후의 선택이지만 오스트레일리아 어린이들 6명당 1명꼴로 이 시설을 이용하고 있습니다. 물론 이런 통계는 각종 탁아시설들의 복합적인 이용까지 포함하는 등 복잡한 절차를 거쳐 나온 것입니다.

부모들이 선호하는 시설을 순서대로 열거하자면, 가장 선호하는 것은 가족이나 가까운 친구가 아이를 보살펴주는 것이고, 두번째로는 소규모의 가정 놀이방입니다. 실제 가정과 좀더 가까운 형태를 선호하는 것은 자연스러운 선택이라고 봅니다. 조금 큰 규모의 어린이집 등은 주로 도시생활을 하는 부모들이 긴 시간 동안 아이를 맡기는 곳으로 이용하고 있습니다.

탁아시설에 맡겨지는 아이들의 연령은 아주 어립니다. 직장에서의 경력을 중요시하는 부모가 대도시에 살면서 생후 6~12주밖에

안 된 아기들을 하루 종일(아침 7시 30분부터 저녁 6시까지 일 주일에 닷새 동안) 맡겨놓는 일은 흔한 일입니다. 이런 시설의 원장들은 주말에까지 아기들을 맡아달라는 압력을 받기도 합니다. 일단 이 아이들이 학교에 다니게 되면, 집→등교 전의 탁아시설→학교→방과후의 탁아시설→집의 순서로 매일 돌게 됩니다.

많은 수요에도 불구하고 탁아시설 자체는 대접받지 못하고 있는 실정입니다. 보육교사나 직원들의 임금은 아주 낮습니다. 임금 수준이 높아진다면 차라리 집에서 자기 아이를 보살피면서 놀이방 보모를 하겠다는 엄마들이 많습니다. 우리는 아이들의 보육을 제대로 대접해주지 않고 있는 것입니다. 오스트레일리아의 대부분의 도시에서는 아이를 맡기는 비용보다 주차비용이 더 비싼 형편입니다.

더 심각한 문제—갇혀 지내는 엄마들

집에 있느니 차라리 직장으로 복귀하고 싶다는 엄마들이 가진 고민거리는 다음 두 가지로 나누어볼 수 있습니다.

하나는 경제적인 의존에서 오는 문제입니다. 배우자의 수입에만 전적으로 의지하다 보면 집에 있는 사람은 상처를 받고 스트레스가 쌓입니다. 돈도 못 벌고 집에만 있는 것이 아무런 가치도 없는 일로 느껴집니다. '집에서 그냥 애나 보고 있기' 때문이죠.

나머지 하나는 '벽 속에 갇혀 있는 것' 같은 두려움 때문입니다. 아이들과 함께 온종일을 집에서만 보내게 된다는 게 문제이지요.

이것은 아이 잘못이 아니기 때문에 더 심각합니다. 이 문제의 근본적인 원인은 생활양식에 있습니다. 도시의 주택가나 아파트들은 외양은 쾌적해 보이지만, 사실은 상당히 외로운 생활이 될 수밖에 없습니다. 제대로 알지도 못하는 이웃들 틈에서 밖에 나갈 기회라고는 슈퍼마켓에 장을 보러 갈 때뿐입니다. 이웃들이나 놀이그룹(오스트레일리아에서 볼 수 있는 일종의 공동 놀이방. 동네에 한두 개씩 있으며 탁아시설과는 좀 차이가 있다. 아이가 있는 주민들끼리 모여서 각 가정의 아이들을 모아 같이 놀게 해주는 곳—옮긴이) 혹은 교회나 운동모임 등을 통한 교류가 확대되어 공동체적인 삶으로 변화되는 것이 불가능하다고는 생각지 않습니다. 그러나 이렇게 되기 위해서는 부모 스스로 자신감이 있어야 하고 외향적이어야 합니다.

일상생활 속에서 서로 돕고 사는 모습이나 사회 구성원끼리의 친밀감을 생각해본다면 서구의 도시인들이 에티오피아의 농민이나 캘커타의 빈민가 주민들보다 더 잘살고 있다고 할 수 없습니다.

우리 동네 되살리기

만약 더 많은 수의 부모들이 낮 시간에 집에 있다면 동네는 변화될 것입니다. 일부에서는 이미 이런 움직임이 있습니다. 놀이그룹이나 이웃들, 공식적인 모임이나 동호모임 등의 네트워크가 형성되고 있습니다. 일부는 어린이가 중심이 된 모임(놀이그룹)을 통해서, 또다른 사람들은 순수한 자기 계발을 위해, 혹은 어떤 특정한 것에 관한 공통된 관심으로, 이를테면 환경운동 모임 등을 결

성해서 서로 만남을 갖고 있습니다.

좀더 가정적이고 싶은 아버지들, 그리고 점점 늘어나는 재택 근무자들(컴퓨터에 감사를!), 혹은 근무시간을 줄이는 이들로 인해 동네는 더 활기 넘치고 안전한 장소가 되어 누구에게나 최상의 삶을 누릴 수 있는 터전이 됩니다.

> **바로 이것이 완벽한 삶의 모습이 아닐까요?**
>
> 호바트(오스트레일리아 남단에 있는 섬인 태즈메이니아 지방의 도시—옮긴이)의 연안 기슭, 나무가 우거진 동네의 어느

주택가 모습이 보인다. 서로 약간씩 떨어져 있는 집들은 따뜻한 느낌의 옅은 황토빛으로 칠해져 있으며 섬세한 나무장식들로 치장되어 있다. 여기엔 차가 지나다니는 도로가 없고 수풀 사이로 난 오솔길이 있을 뿐이며, 주차장은 9천 평이 넘는 이 주택단지의 제일 끄트머리에 숨어 있다.

바로 이곳이 카스케이드 공동체(Cascade Cohouse)이다. 이것은 북유럽에서 시도되어 큰 성공을 거두었는데, 각 연령층의 사람들이 모두 모여 사는 공동체로 오스트레일리아에는 이제 막 첫발을 내디딘 상태이다. 도시에서 거주하는 젊은 가족들에게는 이것이야말로 완벽한 삶을 영위하는 모델이 될 수 있지 않을까.

구조

카스케이드 공동체 내에는 언덕을 따라 지어진 열다섯 채의 주택과 마을 전체가 공동으로 사용하는 회관인 커다란 건물이 마주 보며 둥글게 서 있다.

크고 멋진 마을광장은 이곳의 가운데에 있고 각 집의 정원과 테라스들 사이로 구불구불한 길들이 나 있다. 이 공동체가 완성되면 약 30~40명의 사람들이 이 안에서 거주하게 된다. 그들은 어느 아파트에나 있는 스트라툼 타이틀(아파트나 연립주택 등의 세대별 소유주가 건물 전체의 공동관리를 위해 만든 권리와 의무 조약—옮긴이)을 갖게 되며, 집집마다 공동구역을 앞에 두고 개인 정원을 집 뒤편에 두게 된다.

무엇보다 좋은 점은 모든 거주자가 커다란 마을회관을 함께 사용한다는 것인데, 거기에는 40여 명이 들어갈 수 있는 식당,

아이들의 놀이방, 설비가 잘 갖추어진 작업실, 명상을 위한 공간, 사무실 공간 및 부엌이 있다. 거주자들은 이웃들과 어울리거나 여러 가지를 주고받을 수 있고, 설비가 잘 갖추어진 집에서 완벽한 사생활을 즐길 수도 있다.

이 형태는 자치구역은 아니지만 그야말로 진짜 공동생활체라고 할 수 있다. 이곳의 여러 장점들 중 가장 좋은 점 하나를 꼽자면 저녁식사를 함께 나누는 제도를 들 수 있다. 어른들은 가끔씩 서로 번갈아가며 마을 사람 전체를 위해 식사를 준비한다. 지금은 8주에 한 번씩 자기 차례가 온다. 이 식사는 일 주일에 네 번 있다. 직장을 가진 아버지나 어머니 들에게는 희소식이 아닐 수 없다. 서둘러 퇴근해서 대충 있는 재료를 긁어모아 저녁을 때우는 대신, 가벼운 발걸음으로 마을회관으로 가서 미리 준비된 맛있는 식사를 하는 것이다.

어린이들이 자라기에 안전한 장소

이안과 제인 부부는 자기들처럼 두 살짜리 아이를 둔 부모에게 그곳이 얼마나 이상적인 곳인지 설명해주었다. 원하는 대로 일 주일에 두세 번이나 밤에 외출할 수 있으며, 아이에 대해 안심할 수 있다. 외출시에는 딸의 친구 집이나 공동체 내의 주민들 중 아이를 좋아하는 나이 많은 분의 집에 딸을 맡길 수 있다. 이 공동체의 주민들은 이미 서로를 잘 알고 있기 때문에 서로간에 신뢰와 동료애가 넘친다.

직장에 나가지 않는 젊은 어머니들이나 아버지들도 대화를 나누거나 어울릴 만한 상대가 얼마든지 있고 마을회관에 가서 시간을 보낼 수도 있다. 이곳에는 방문객을 위한 숙박시설까지 갖춰져 있다.

노인층도 편안함을 느끼며 결코 외롭지 않다. 그러나 개인의 사생활은 존중되며 건물도 그렇게 설계되었다.

경제적인 생활

경제적인 측면으로도 이 공동체의 주민들은 이토록 훌륭하고 넓은 평수의 주택을 구입하는 데 일반 주택을 구입하는 것과 별 차이 없는 금액을 투자했다. 각종 공과금 및 시설의 이용과 관리에 드는 부대비용은 약 10% 안팎으로 일반 주택의 경우보다 저렴하다.

그러나 이 공동체는 돈으로 살 수 없는 양질의 생활을 제공한다. 이웃간의 동료애, 안전, 공동식사, 저렴한 교육비, 태양열 이용 및 모든 것을 함께 나눌 수 있는 가능성 등이 그것이다. 유럽의 공동체들 중에는 해변가의 별장이나 요트를 공동소유하는 경우도 있으며, 주민 전용의 수영장과 사우나도 갖추고 있다.

대립된 시각— 전문가들의 치열한 공방

    요즘의 열악한 탁아시설은 때로 어린이들에게 해악을 끼치기도 한다. 갓난아기들이나 막 걸음마를 시작한 아이들을 오래 방치해두거나 잘못된 훈육방식, 허술한 보육 프로그램, 혹은 불편해하는 아기들을 달래는 방식조차도 부모와 아이들로 하여금 탁아시설을 불행한 경험으로 기억하게 만든다.
                  —「노동당 정책성명서」, 1993년 연방선거

    직장일에서 성취감을 느끼는 어머니들에게 그걸 포기하라고 한 적은 결코 없다. 그러나 나는 집에 있고 싶어하는 어머니들이 어쩔 수 없이 아이들을 맡기고 직장에 나가야 한다는 걸 매우 가슴 아프게 생각한다. 만약 아기를 키우며 집안일을 하고 싶어한다면 다른 서구사회처럼 정부가 그 어머니를 보조해야 한다고 본다.
    —벤자민 스포크 박사,『머큐리 신문』, 호바트, 1992년 11월

    내 경험에 비추어볼 때 신중하게 잘 선택한 탁아시설이라면 아이들에게 유익할 뿐 아니라 아이들은 그곳에서 부쩍 성장한다! 아이들은 부모와의 좁고 폐쇄된 관계에서 벗어나 풍부하고 자극이 넘치는 환경의 혜택을 본다. 아이들은 세상을 넓게 보고 나눔과 협동심을 배운다. 자기를 좋아해주고 점차 자신이 원하는 바를 이해해주는 어른들과 시간을 보낸다. 그 아이들은 창의력이 있고 자주적이며, 내 생각엔 부모와의 시간을 더 고맙게 여긴다. 왜냐하면 엄마 아빠와 함께 있는 시간이 더 특별

해지기 때문이다.
―로즈마리 레버,『그 달콤한 슬픔』

　당신이 아무리 운이 좋아도 양질의 탁아시설을 찾는다는 것은 어려운 일이다. 일단 아이를 맡기면 그곳에 데려가고 데려오는 틈틈이 매일 해야 할 일들에 치여 허둥지둥하며 살게 될 것이다. 만약 나와 같은 처지라면 혼란스럽고 모순된 감정을 느낄 것이다. 기쁨과 행복을 느끼는 한편, 내가 고른 그 탁아시설이 적당한 곳인지, 아이들이 거기서 행복한지, 돌보는 이들이 충분한 시간과 애정을 기울이는지에 대한 우울한 질문들 사이를 왔다갔다하게 될 것이다.
―로즈마리 레버, 위의 책

　직장을 가진 좋은 부모들 밑에서 자라는 아이들도 직업이 없이 전적으로 아이를 돌보는 부모 밑에서 자라는 아이들만큼 행복하게 잘 커나간다. 따져봐야 할 것은 아이들과 함께 보내는 시간의 양이 아니라 질이다.
―크리스토퍼 그린,『아이 길들이기』

　만 세 살 미만의 어린이들의 경우 돌보는 사람이 주기적으로 자리를 비우면 나쁜 영향을 받는다. 세 살에서 여섯 살 정도의 나이가 되어서야 우수한 탁아시설에서 하루 온종일을 보내며 그 시설이 제공하는 혜택을 받을 수 있다. 그렇다고 해도 유아교육 전문가들에 의하면 탁아시설에서 보내는 시간이 6시간 혹은 그 이상으로 넘어가면 아무 소용 없게 된다고 한다.

―셀마 프라이버그(칼 진마이스터, 「탁아시설의 진상」,
『리더스 다이제스트』 1989년 1월호에서 재인용)

　탁아시설에 있는 아기들은 어머니와 불안정한 관계를 맺거나 어머니로부터 떨어지려고 하는 경향이 있고, 탁아시설에 가지 않거나 혹은 나이가 좀더 든 후에 간 아이들에 비해 때리고 차고 윽박지르고 말다툼을 벌이는 경향이 높다. (……)
　어려서부터 탁아시설에 간 경험이 있는 아이들은 남들보다 더 심각한 우울증, 비협조적인 태도, 욕구불만 등을 보이며, 말썽을 일으키거나 사회생활에 위축된다.
―칼 진마이스터, 위의 글

　문제는, 탁아시설은 어른들의 편리를 위해 만들어졌다는 점이다. 이것이 아이들에게 해를 입히는지 도움이 되는지에 대한 조사는 뒷전이었다. 탁아시설은 어른들의 경제학, 어른들의 행위, 어른들의 욕망이다. (……)
　브루너는 오늘날 탁아시설이 최소한 거기 맡겨진 어린이들의 3분의 1, 많게는 반이 넘는 아이들에게 문제를 발생시켰다고 결론지었다. (……)
　실라 키칭거는 아이를 낳아 키우는 것에 대한 사회적 인식이 부정적이고 거부감을 주는 것으로 인식되고 있다는 점을 지적한다. 아이를 기르는 일은 개인생활에 '방해'가 된다는 것이다. 그녀는 엄마 역할과 자녀양육을 경시하는 이 특정적인 풍조가 엄마 노릇에 만족하고 있던 여성들을 지각이 없거나 감상적인 백치로 몰고 간다고 덧붙였다. 키칭거는 어떤 형태의 페미니즘이든 간에 이러한 엄마 역할에 대해서는 모호한 입장을 취한다고 본다.
— 보브 멀린, 『꼭 엄마가 있어야 되나요?』

첫아기를 낳아 이제 막 부모가 된 이들은 자신들도 예기치 못했던 아이에 대한 뜨거운 사랑에 자주 놀라곤 한다. 최근에 만난 어떤 엄마는 자신이 마법에 걸린 것처럼 달라졌다고 표현했다. 그녀는 큰 은행의 고위직에 있었고, 출산 후 직장에 일찍 복귀하려고 했다. 우리가 만났을 때 그녀는 아이를 낳은 후 자신의 감정이 그렇게 많이 변할 수 있는가에 대해 신기해했다. 그녀는 자신이 얼마나 아기를 특별히 여기는지, 얼마나 많은 사랑을 주는지, 그리고 그토록 소중한 아기를 남에게 맡기고 직장으로 떠나야 할 것을 생각하는 것만으로 얼마나 고통스러운지에 대해 놀라워했다.
— 로즈마리 레버, 위의 책

어찌어찌해서 나는 아무런 기술이 없는 가게 점원이 탁아시설의 보모들보다 두 배 이상 수입을 올리는 것을 합리화시켰다. 한데 우리의 새 방송국 설립을 위해 일하는 회계사가 그의 전문적인 컨설팅과 충고의 대가로 시간당 20만 원에 가까운 금액을 청구했다. 그날, 나는 온종일 우리 아들을 보살펴준 고마운 사람에게 그 대가로 12,000원을 주면서 뭔가 단단히 잘못되어 있다고 느꼈다. 아직도 그 잘못은 고쳐지지 않았다.
— 커스티 코크번, *ITA*지, 1989년 10월호

너무, 너무, 너무

탁아시설은 있어야 한다. 우리가 주의해야 하는 것은 탁아시설의 무조건적인 이용이다. 탁아시설에 관한 우리의 느낌은 어찌 된 셈인지 무뎌졌다. 우리는 경제적 합리주의에 교묘히 넘어가고 있고 정작 우리 자신들 내면의 소리에는 귀기울이지 않는다.

그 무심함의 결과로 아이들이 탁아시설에 '너무' 어릴 때부터, '너무' 오랜 시간 동안, '너무' 많은 날들을 있게 되었다.

각 탁아시설의 운영방침이나 여는 시간이 서로 다르므로 어떤 부모들은 자기들이 필요한 만큼 아이를 맡겨놓기 위해 무리하게 된다. 한꺼번에 너무 많은 탁아시설을 여기저기 이용해야 되고, 심지어 하루에 두세 군데를 시간대별로 나누어 가는 경우도 있다.

탁아시설에 종사하는 이들의 임금은 너무나 낮고, 맡아야 할 아이들은 너무나 많다. 규모가 큰 어린이집 같은 시설은 아이를 보살피는 장소로서는 너무 부자연스럽고 기계적이며, 아이가 편히 쉬기에는 너무 공장 같다.

앞으로도 탁아시설은 필요할 것이다. 그러나 지금보다는 그 중요도가 줄어들 것이다. 현재 오스트레일리아에서는 모든 사람이 탁아시설이 부족하다고 말하면서 아이를 맡기는 순번을 기다리는 길고 긴 대기자 명단에 대해 탄식한다. 그러나 언젠가는 탁아시설에 대한 수요가 줄 것이고, 정말로 필요한 사람이 쉽게 이용할 수 있을 것이다. 갓난아기들과 이제 겨우 걸음마를 시작한 아이들은 지난 수천 년 동안 이어져내려온 방식대

> 로 보살펴질 것이다. 즉 부모, 이웃, 가족, 친지들과 같이 그 아이를 사랑하는 사람들의 팔에 안겨 가정 내에서 보살핌을 받을 것이다.

제안

탁아시설을 선택하는 기준은 무엇보다도 아이의 발달단계에 따라 결정되어야 합니다.

이미 언급한 대로, 모든 아이에게 들어맞는 연구는 아직 완결되지 않았습니다. 부모들은 자신의 느낌에 의지해야 하며, 다만 다음과 같은 것을 제안하고자 합니다.

나이에 따라

여러분의 자녀가 만 한 살이 되기 전에는 탁아시설에 맡기지 마십시오.

부부끼리 외출하거나 잠시 쉬는 시간을 제외하고는 아기가 부모 중 어느 한 사람과 항상 같이 있게 하십시오. 부부가 동반해서 외출해야 한다면 믿을 수 있고 잘 아는 보모에게 맡기십시오.

탁아시설을 이용하는 경우, 다음의 가이드라인을 고려하십시오.

- 아이가 만 한 살일 때—일 주일에 한나절 이상을 넘지 않도록 할 것. 예를 들면 오전 10시부터 오후 3시까지.
- 아이가 만 두 살일 때—일 주일에 한나절씩 이틀 이상이 안

되게 할 것.
  • 아이가 만 세 살일 때—일 주일에 한나절씩 사흘 이상이 안 되게 할 것.
  • 아이가 만 네 살일 때—일 주일에 한나절씩 나흘 이상이 안 되게 할 것.
항상 아이에게 필요한가 아닌가에 근거해서 결정하고, 아이가 어떻게 반응하는지 가끔씩 확인해야 합니다.

탁아시설의 종류에 따라
아이가 만 세 살 미만일 때에는 다음과 같은 순서대로 탁아시설을 이용해야 한다고 생각합니다. 별이 많을수록 바람직하고 좋은 방법입니다.
★★★ 가까운 친척이나 친구 혹은 아이를 사랑하고 믿을 수 있는 사람.
★★ 신뢰할 수 있고 자상한 소규모 가정 놀이방의 보모. 개인적으로 알고 있는 사람이라면 더 좋음.
★ 시설이 좋은 어린이집. 편하게 대할 수 있는 믿음직한 보육교사가 있는 곳.
(참고로, 편하게 대할 수 있는 보모가 있는 놀이방을 찾을 수 없다면 차라리 어린이집이 낫습니다.)
어린이들이 만 세 살이 넘으면, 사회성을 길러준다는 측면에서 어린이집을 이용하는 것이 꽤 유익할 수 있습니다. 이 나이가 되면 또래들과 어울리기, 잘 짜인 규칙적인 활동, 놀 수 있는 충분한 공간과 환경, 그리고 전문적인 교육을 받고 의욕에 찬 보육교사들이 큰 도움이 될 수 있습니다.

가족들의 상황에 따라서

아이에게 필요한 것이 무엇인가도 따져야 하지만, 가족의 필요도 고려해야 합니다. 예를 들어 아이의 행복을 위해 집에서 키우다가 부모 중 한쪽이 아프다든가, 결혼이 파경에 이르렀다거나, 수입이 없어 가정의 존립 자체가 위협받는다거나 하면, 어차피 아이도 고통스럽기는 마찬가지이기 때문입니다.

다음은 여러분에게 탁아시설이 정말로 필요한지 검토해볼 수 있는 요건들입니다.

1. 살기 위해 불가피한 경우—예컨대 기본적인 생계를 유지하기 위해 직장에 다녀야 할 경우.

2. 자녀 중 다른 아이를 돌봐야 하는 경우—예를 들면 아기가 새로 태어났거나, 혹은 한 아이가 아플 때.

3. 부모가 아이에게 제공할 수 없는 것을 탁아시설에서 제공할 때—장난감이나 놀이기구 등이 집에 거의 없다거나 빈약한 경우, 집에서 해줄 수 있는 정신적 자극이 한계에 이르렀을 때, 아이가 소외감을 느끼거나 외동인 경우.

4. 부모가 생각하는 훈육의 기준을 맞추어주면서, 아이의 인격을 존중하고 안전하게 보살펴주는 경우.

5. 오랜 유대관계를 지속할 경우—아이를 돌보는 이가 여러분이나 자녀의 친구가 될 때.

6. 하루 종일 아이를 맡기기 위해 들르더라도 늘 반갑게 맞이해주거나, 특별한 요청을 잘 받아들여주고, 걱정스러운 점을 얘기할

때 귀기울여주는 시설일 때.

　아이에게 필요한 것과 가족이 처한 상황이 균형을 이루고 탁아 시설에 대한 충분한 정보를 갖고 있을 때, 여러분에게 맞는 적절한 선택을 할 수 있습니다.

　용기를 잃지 마세요!

5 부모수당

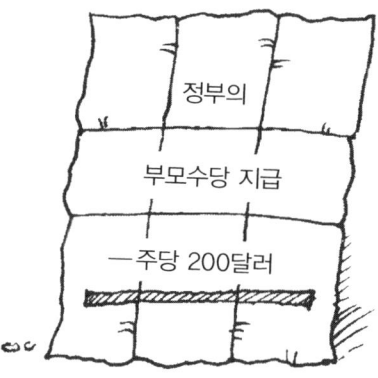

직장에서 일하는 부모들을 위해 탁아시설 비용을 보조해주는 사회라면, 아이를 제대로 돌보기 위해 가정을 지키는 부모들에게도 비슷한 금액을 지급해야 한다고 본다. (……)
많은 부모들이 남한테 자녀를 맡겨놓고 마지못해 직장에서 일하는 동안, 다른 사람들은 직장을 구하지 못한다. 비극이 아닐 수 없다.

—『에이지 신문』 사설, 1993년 10월 4일자

부모에게 보수를 줘야 하나?

　오스트레일리아 전역에 걸쳐 가족생활을 상당 부분 개선시킬 수 있는 급진적인 아이디어가 논의중입니다. 그 아이디어란, 우리가 정말로 아이들을 소중히 여긴다면, 정말로 위기에 처한 현대의 가족을 구하기 원한다면, 어린 자녀를 돌보기 위해 가정을 지키기로 결정한 어머니 아버지들에게 보수를 지급해야 한다는 것입니다. 일종의 부모수당인 셈이지요.
　저는 경제학자나 정치가가 아니라 심리학자이고 아버지입니다. (휴우, 감사할 따름이죠.) 따라서 지금까지 아이의 행동, 사랑, 결혼, 의사소통 등의 가족생활이라는 국한된 영역에 늘 머물러왔지요. 그러나 지난 20년 동안 오스트레일리아의 가족들에게 일어나고 있는 일들을 지켜보다 보니, 더이상 방치할 수 없는 문제에 관하여 목소리를 높여야 하는 게 아닌가 하는 개인적 책임감을 느낍니다. 가장 간단하게 말하자면 이렇습니다. '맞벌이 가정은 스트레스로 인해 죽어가고 있다.'
　여러분은 제가 하려는 말의 핵심을 파악하실 수 있을 겁니다. 오늘날 가장 평균적인 보통 가족 — 여러분과 제 가족이 포함된 — 은 극심한 재정적·정서적 압박으로 심각한 혼란을 겪고 있고 이 문제는 광범위하게 확산되어 있습니다. 그리고 나라 곳곳에서 가정이 붕괴되고 있습니다. 친구나 이웃에게 일어나는 이 일이 지금 자신에게 일어나고 있는지도 모를 일입니다. 부부간에 서로 대화를 나눌 시간이 없어서 불필요한 이혼이 발생합니다. 과로로 인해 건강에 적신호가 오고, 아이들은 방치되거나 학대당하고, 많은 십대들이 절망 속에서 방황하고 있습니다.

지금까지 이런 지경이었던 적은 없습니다. 아이를 가진 부모가 필요로 하는 것은 불과 몇 가지에 지나지 않는데도 말입니다. 생계유지의 수단, 살 곳, 부부간의 친밀감을 유지할 수 있는 시간, 그리고 아이들을 돌볼 수 있는 능력—아주 간단한 것들이지만, 이것을 얻기 위해서는 시간과 돈이 필요합니다. 더구나 지금 이 시대, 우리는 이 두 가지 중 어느 하나도 넉넉하지 않은 경우가 허다합니다.

구조적인 문제

사회의 각 개인이 책임감을 가지는 것은 중요하지만, 이러한 문제들은 개인의 영역을 넘어서는 것들입니다. 우리가 살고 있는 이 세계, 우리가 사는 도시, 우리가 속한 사회는 뭔가 잘못된 실패작처럼 보입니다. 우리는 우리가 진정으로 원했던 것과 거리가 먼 생활방식 속에서 허우적대고 있고, 그 때문에 우리의 삶과 건강이 상해가고 있습니다.

이 문제의 원인들은, 우리가 그 해결책을 구해볼 만한 일입니다. 즉 정부의 경제 최우선 정책이라든가, 우리의 생활양식을 결정하는 사회의 조직적인 압력 등이 문제의 원인입니다. 우리는 아이들을 무인도에서 키우지는 않습니다. 도움을 주든 해를 끼치든 하여

든 어떤 환경 속에서 아이를 키웁니다. 사회가 구조적으로 우리의 목표를 받쳐주지 않으면, 부모로서 성공을 거두기 어렵습니다. 이 사회는, 비록 처음부터 그렇게 의도된 것은 아니겠지만, 가족에 해악을 끼치게 되었음을 부인할 수 없습니다. 따라서 우리는 이 사회를 변화시켜야 합니다.

이제 그 변화를 시도할 때입니다. 부모들은 자녀들에 대해 더 많이 알고, 더 책임감을 가지고, 더 관심을 쏟고 있지만, 한편으로는 어쩔 수 없이 자녀로부터 떨어져 있게 됩니다. 지금까지 그 어느 세대도 지금의 우리처럼 아이들과 적은 시간을 보낸 적은 없었습니다.

무엇이 잘못되었나?

사회 각계의 많은 비평가들과 시사문제 전문가들이 공통적으로 지적하는 한 가지 추세가 있습니다. 사회 일각에서는 일할 기회조차 없다는 것입니다. 현재 오스트레일리아 내의 실업자수는 급격하게 증가하고 있고, 전체 어린이의 4분의 1이 부모 양쪽 다 직업이 없는 가정에서 살고 있으며, 그 숫자는 매일 늘어가고 있습니다.

반면에 사회의 다른 쪽에서는 과도한 노동에 시달리고 있습니다. 직장을 가진 많은 이들이 자리를 유지하기 위해 주당 50~60시간씩 일하고 있습니다. 자영업일수록 더욱 심하고, 개인사업가들이나 공무원들도 예외가 아닙니다. 교사들, 간호사들, 복지기관의 요원들은 감원된 동료들의 일거리까지 떠맡고 있는 실정입니다. 아무도 안전하다고 볼 수 없지요.

그리고 무엇보다도 어린아이를 가진 가정 중 30만이 넘는 숫자가 부모 양쪽이 하루 종일 일하는 맞벌이 가정입니다. 이런 가정의 부모들은 극심한 스트레스를 받고 있는 생활에 대해 이야기합니다. 탁아시설에 아이를 맡기러 달려가기, 직장까지의 출퇴근, 밤마다 어떻게든 잠을 좀 자두려고 노력하는 것, 탁아시설의 비용을 간신히 지불할 수 있는 적은 임금, 교통비 등등에다가 아이들과 함께 있어주지 못한다는 죄책감 때문에 '아이들이 해달라는 대로 해주느라고' 돈을 쓰게 됩니다.

맞벌이 가정이 처한 어려움

맞벌이가 죄는 아닙니다. 그러나 가정생활에 엄청난 스트레스를 주고 시간에 쫓기게 하는 것만은 사실입니다. 어린 자녀를 둔 많은 어머니들이 일을 가져야만 한다고 느낍니다. 그들이 이런 압박을 느끼는 이유는 남편에게 직업이 없거나, 남편의 수입만으로는 생활이 힘들다고 여기기 때문이죠. 또 드물긴 하지만 순전히 욕심 때문에 맞벌이를 하는 경우도 있는데, 그런 경우라면 더 절박한 상황의 다른 사람에게 돌아갈 수 있는 자리를 차지하고 있는 셈이 됩니다. 이와 마찬가지로 순전히 자신의 경력을 쌓기 위한 욕심으로 자녀를 방치하는 사람들도 있습니다만, 다행스럽게도 극히 소수입니다.

경제는 남성이 아니라 여성을 원한다

경기불황과 구조조정으로 인해 제조업 분야의 남성들의 일자리가 사라지고 있고, 여성들의 저임금 서비스 직종이 늘어나고 있습니다. 그 결과는 '취업여성의 소외'로 나타나며, 그들은 아이와 일 사이에 끼여 심신이 지쳐 있습니다.

여성들은 동등하게 일할 권리를 가집니다. 그러나 어린아이가 있는 어머니들이 '일하지 않을 권리'는 어떻게 되었나요? 현재로선 많은 여성들에게 선택의 여지가 없습니다. 물론 아버지들 역시 아이들과 함께 시간을 보내지 못한 지 오래되었습니다. 직장생활을 하고 있는 아버지들은 아침 일찍 집을 나서서는 밤늦게 파김치가 되어 귀가하고 있습니다.

한때는 여성이 일할 수 있는 권리를 위해 투쟁해야 했지만, 이제는 아이에게 부모 노릇을 하기 위해 투쟁할 때가 된 것 같습니다. 우리는 집안일에 경제적 가치를 부여해야 합니다. 그것을 돈으로 환산하면 나라 전체 각종 산업들의 생산액을 전부 합친 것보다 더 큰 액수가 됩니다.

여기서 '부모수당'이라는 아이디어가 비롯되었습니다.

부모수당 — 두 마리의 토끼를 한꺼번에 잡기

부모수당의 개념은 지난 수년 동안 논의되어왔고, 때때로 국회에서도 제기되었습니다. 이것은 지나치게 급진적인 아이디어는 아닙니다. 우리는 모든 분야의 공공 서비스에서 일하는 사람들에게 보수를 지급합니다. 예를 들어 프레이저 수상(1975년부터 1982년까지 오스트레일리아 연방정부의 수상을 지냄—옮긴이) 이래 지금까지 오스트레일리아 정부는 경제를 구조조정하는 대가로 실업자가 늘어나는 것을 용인해왔고, 이제는 100만 명의 실업자를 떠안고 있습니다. 그들에게는 직장을 잃은 대가로 실업수당을 지불하고 있습니다. 즉 직업을 안 가지고 있다는 수고료(?)를 받는 셈이죠.

정부는 또한 부모가 남에게 자녀를 맡겨야 할 경우 자녀양육 보조비를 지급합니다. 탁아시설은 정부로부터 많은 보조비를 받고 있긴 하지만 부족하다고 합니다. 직장을 가진 부모들은 탁아시설 비용으로 주당 얼마간의 보조를 받습니다. 그러나 자녀를 직접 키울 경우, 아무것도 받지 못합니다.

정책이란 건 한마디로 모순투성이입니다. 한쪽에선 정부가 사람들을 일자리에서 쫓아내려고 듭니다. 그러면서도 탁아시설 비용을 보조해주고, (브론윈 도나휴가 『부모』지에 기고했듯이) 맞벌이 가정에 세금공제 혜택을 주기도 합니다. 따라서 모두에게 일자리가 고루 돌아가지 않고, 실업수당으로 엄청난 거액을 지출해야 합니다. 동시에 가정문제로 인한 범죄의 증가 및 의료비용의 폭등 같은 문제까지 감당해야 합니다.

우리는 어머니들에게 무슨 짓을 하고 있는 겁니까? 왜 그들이 자녀들을 돌보는, 능숙하면서도 만족을 느끼는 일을 다른 사람에게 맡길 수밖에 없도록 압박을 주는 걸까요? 특히 어머니를 대신하는 사람이 일에 서툴 뿐 아니라 단지 일자리가 필요한 사람이라면, 어머니들이 집에서 자녀를 키울 수 있도록 해주거나 가까운

> 이것은 여성을 가정에 묶어두자는 논쟁이 아니다. 누구에게나 자신에게 맞는 일자리를 찾고 가질 권리가 있다. 남성이든 여성이든 직업이 가져다 주는 자극이나 참여의식, 보상이 필요하다. 그러나 일을 할지 안 할지에는 선택의 여지가 있어야 한다. 여성들은 흔히 비싼 비용을 치러가며 자기 아이를 남에게 맡기지만, 만족스런 보람도 못 느끼고 장래성이 없는 직업에 매달려야 한다. 매우 가슴 아파하면서, 불편해하면서, 또 스트레스까지 받아가면서 말이다. 때때로 여성들이 그런 변변치 못한 직업을 가질 수밖에 없는 이유는 오로지 시간의 제약을 비교적 덜 받는다는 점 때문이다.

지역사회 내에서 다른 일자리를 찾도록 도와주어야 하며, 그래서 그 어머니들이 가졌던 직업이 다른 사람에게 돌아갈 수 있게 해야 합니다.

부모수당이 실제로 의미하는 것은 무엇일까요? 물론 상세한 사항들이 하나하나 고려되고 검토되어야만 합니다. 그에 관한 논의를 위해서 몇 가지 제안들을 먼저 합니다.

부모수당은 얼마나 되어야 할까?

최근 정부에 상정된 부모수당의 제안 액수는 모욕적일 정도로 초라했습니다. 어머니 한 사람이 자녀와 함께 집에 있으면서 하는 일들을 누군가 돈을 받고 한다고 했을 때, 그 비용을 따져보면 1년간 오스트레일리아 달러로 8만 달러가 넘습니다.(오스트레일리아 달러는 우리 돈으로 약 800원에서 1,100원 사이―옮긴이) 자녀양육의 대가로 임금을 지급한다고 할 때 주당 최소 400달러는 되어야 합니다. 그러나 현실적으로 정부가 감당할 수 있는 액수를 제시해 보면 주당 200달러 정도가 아닐까 합니다.

지나친 복지국가가 되어버리는 것을 막을 수 있는 장치라든가 조건이 필요할 것입니다. 부모수당은 부모 중 한쪽 혹은 양쪽 다 정식 직업이 없을 때 지급하고, 수당을 받는 당사자에게 시간제 일자리가 있을 경우 일정 부분을 감액시키면 될 것입니다. 아버지나 어머니 중 한 사람이 '자녀양육'을 책임지면 수당의 수혜자로 지정될 수 있겠지요. 자녀의 수와 상관없이 동일한 금액을 지급하며, 따라서 자녀의 수가 많다고 해서 더 혜택을 받는 일은 없습니다.(인구과잉이 되는 것만큼은 막아야 하니까요.)

맨 처음 『시드니의 어린이』라는 권위 있는 육아 잡지에 부모수당에 관한 아이디어가 실렸을 때, 많은 이들이 먼저 부모들에게 자녀양육에 관한 훈련과 교육을 받게 해야 한다고 제안했습니다. 좋은 생각이라고 봅니다.

부모수당을 얼마 동안 지급할 것인지에 대해서는 여러 가지 선택이 있을 수 있습니다. 모든 자녀가 학교에 입학하기 전까지라든가, 혹은 자녀가 열여덟 살이 될 때까지로 기한을 늘린다면 액수를 줄인다든가 하는 등, 선택의 여지는 많습니다.

그 돈은 어디서 나올 수 있을까?

부모수당의 최대 장점은 한꺼번에 두 마리의 토끼를 잡을 수 있다는 데 있습니다. 일자리를 변동시키는 효과는 엄청나게 그리고 즉각 나타날 것입니다. 제 생각으로는 어린 자녀를 둔 어머니들이 경제적인 문제 때문에 일을 했다면 그중 약 60%(그리고 일부 아버지들까지)가 당장 직장을 그만둘 것입니다. 오스트레일리아 가족연구학회의 최근 조사에 따르면 일하는 어머니들 중 40%가 시간제 근무로 옮겨간다고 합니다.

> 스웨덴은 다른 방법으로 문제를 해결했다. 부모 중 한 사람이 아기를 돌보기 위해 직장을 그만두는 경우에, 아이를 낳기 전 임금의 90%를 아기가 18개월이 될 때까지 의무적으로 지급해주는 것이다.

만약, 부모수당의 혜택이 주어져서 40~60%의 젊은 부모들이 직장을 그만두면, 여자건 남자건 실업자들에게 당장 일거리가 쏟아질 겁니다. 학교를 갓 졸업한 사람들도 마찬가지로 많은 기회를 얻겠지요. 현재의 실업수당이 주당 250달러이므로, 실업자 한 명이 줄 때마다 정부는 그만큼의 비용을 절약할 수 있게 됩니다.

부모수당 제도를 실시하려면 초기비용이 많이 들어갈 것입니다. 만 5세 이하의 어린이가 있는 50만 가정이 1년에 1만 달러씩 받는다고 계산해보면 50억 달러가 됩니다. 높은 비용이긴 하지만, 다른 것과 비교한다면 그렇게 엄청난 금액만은 아닙니다. 연간 실업수당으로 45억 달러, 국방비로 90억 달러를 쓰고 있으니까요.

다행히 부모수당은 사회적인 구조로 자연스럽게 조절할 수 있습니다. 부모수당의 금액을 높일수록 더 많은 부모들이 직장을 그만둘 것이고, 더 많은 일자리가 창출되니까 다른 사람들이 실업수당에서 벗어나게 될 것입니다. 적은 금액으로 출발해서 그 추이를

지켜볼 수 있는 것입니다.

세제개혁도 도움이 될 수 있다

　가정에서 아이를 키울 수 있도록 돕는 방법은 부모수당 외에도 또 있습니다. 부모 중 한쪽이 직장을 가진 가정의 세금을 덜어주는 것입니다. 맞벌이 가정에서 이미 얼마간의 세금공제를 받는 것처럼 세금을 부과하는 소득과 부과하지 않는 소득을 나누는 것입니다. 이렇게 하면 즉각적이면서도 적은 비용으로 해결됩니다. 가족과 관련된 시민단체나 모임 등에서도 이 방법이 상대적으로 간단할 것이라고 강조합니다.

　멜버른의 에이지 신문사의 경제부 기자인 팀 콜배치는 현재의 세금제도 아래서는 같은 액수의 임금을 받는다고 할 때 한쪽 배우자만 직장을 가진 가정이 맞벌이 가정에 비해 40% 이상의 세금을 더 내게 된다고 지적합니다. 그는 이것을 일컬어 '주제넘은 차별'이라고 부르며, 대부분의 서구국가에선 세대 단위로 세금을 내게 한다고 지적합니다. 오스트레일리아도 그렇게 된다면 각 가정마다 주 80달러의 혜택이 금방 주어집니다. 그 결과 맞벌이 가정의 부모 한쪽이 직장을 그만두게 되고, 일자리는 더 공평하게 나누어질 것입니다.

> 이 문제에 관해서는 다각도로 검토가 이루어져야 한다. 특히 만 3~5세의 아이들을 위한 우수한 탁아시설이 많이 필요하다. 그 나이의 아이들에게는 발달단계상으로 볼 때 탁아시설이 도움을 주기 때문이다. 직장도 제도적으로 가족을 더 배려해주어야 한다. 아버지 혹은 어머니인 직원에게 자녀양육을 위한 휴가를 주거나, 근무시간을 유동적으로 만들거나, 직장 내 탁아시설 혹은 자녀가 아픈 경우에 결근을 허용하는 방법 등을 고려해볼 만하다. 이렇게 되면 가족들의 필요에 따라 부모가 스스로 현명하게 선택할 수 있고, 불가능한 타협을 하느라 쩔쩔매지 않아도 된다.

마음 쓰이는 곳에 돈 쓰기

이 사회에서는 가치 있다고 생각되는 일에 돈을 쓰게 됩니다. 아이들을 키우며 집에 있는 어머니와 아버지들은 '경력'을 추구하는 사람들에 비해 자신이 아무 가치도 없다고 느끼기 쉽지요. 이것은 가장 뿌리깊은 성차별의 하나라고 할 수 있습니다. 별로 하는 일이 없을지도 모르는 실업가나 경영자는 높이 평가하고, 집이나 지역사회에 대단히 긍정적인 일을 하면서도 아무 보수를 못 받는 사람들(주로 여성)은 형편없이 낮게 평가됩니다.

집 안에서 이루어지는 일들은 화폐가치로 따져봐도 아주 비싼 가치를 가지는 일이며, 국가적인 안녕과 생산성에 직접적인 공헌을 하고 있습니다. 가정생활의 중요성이 무시되면, 사람들의 건강이 나빠지고 범죄와 이혼이 증가하고 다른 사회문제가 산적되면서 막대한 비용을 물게 될 것입니다. 도시의 영구임대주택이나 청소년 직업훈련, 기초교육 등에 돈을 쓸 때, 사실상 그것은 사람들이 소란이나 범죄를 일으키지 않도록 돈을 지불하는 것이나 마찬가지입니다.

우리는 우리가 원하는 결과를 얻기 위해 '투자'를 합니다. 너무나 당연한 이치지요. 산업계나 정부 쪽의 생각은 국민이 내는 세금으로 산업체에 투자하면 이것이 경제를 활성화시키고, 통화침투식 경제정책(정부가 투자로 대기업의 성장을 촉진하면 경제가 활성화되고 간접적으로 복지가 증대된다는 경제이론―옮긴이)의 혜택을 일반 국민들이 받게 된다는 것입니다.

이런 접근방식은 통하지 않습니다. 이것은 문제의 한쪽 측면만 본 것입니다. 우리는 가족과 가정생활에도 돈을 투자해야 합니다. 지금 가정문제에 투자하지 않으면 곧바로 걷잡을 수 없는 사회문제가 발생해 결국 우리 자신이 고달퍼지게 될 겁니다.

이미 말한 바와 같이 저는 경제나 정책에 관한 전문가는 아닙니다. 하지만 우리의 가족이 위기를 맞고 있다는 점은 아주 잘 알고 있습니다. 부모수당의 개념이 제대로 평가를 받기 전에, 전문가들의 토론과 세밀하고 복잡한 계산이 필요합니다. 이런 과정들은 결국 투표로 이어질 것이고, 그것은 이 문제가 여러분 손에 달렸다는 것을 의미합니다.

  여러분의 의견은 어떻습니까?

6 아들 키우기
― 새로운 시대에 맞는 남자로 키우기

지난 30년 동안 남자다움이라는 것을 무시하고 남자아이나 여자아이나 실상은 모두 똑같다고 주장하는 경향이 있었습니다. 그러나 많은 부모들과 교사들이 지적해왔듯이 이런 접근방식은 적절하지 않았습니다. 남자아이들은 긍정적인 면에서 여자아이들과 다르다는 것―남성다움이라는 것을 어떻게 이해해야 하는지, 그리고 어떻게 해야 이를 바람직한 방향으로 살려줄 수 있는지에 대한 연구가 새롭게 진행되고 있습니다.

딸을 두신 분이라면 걱정을 덜 수 있습니다. 모든 것이 좋아지고 있거든요. 여성들이 '투쟁'해서 획득하려고 한 것이 지난 몇십 년을 통해 상당 부분 이루어졌기 때문입니다. 딸들은 간호사가 되는 것 못지 않게 의사가 될 기회가 많아졌고 비서가 되는 것 못지 않게 회사의 중역이 될 기회도 많아졌습니다. 여러분의 딸은 동등한 임금을 받을 권리, 폭력을 쓰는 남편에게서 떠날 권리, 하고 싶은 일을 할 권리를 가질 것이며, 누구에게 소유되지도 않을 것입니다.

그러나 아직 가야 할 길이 많이 남아 있습니다. 밤거리를 활보하는 자유는 갖지 못할 것입니다. 딸의 인생은 남성들의 불안정한 내면세계로 인해 온갖 장벽에 부딪칠 것입니다. 또 정서가 안정되고 건강한 남자를 찾지 못해 가정을 이루는 데 애를 먹을 수도 있습니다. 한 가지 분명한 사실은, 우리가 페미니즘을 통해 이룬 진보에는 한 가지가 빠졌다는 것입니다. 그것은 남성들에게 일어나야 할 변화로서, 여성들이 추구해온 자유를 향한 행진에 남성들도 동참하게 만드는 것입니다. 남성들과 함께 일찍 손을 잡으면 엄청난 차이를 만들 수 있습니다.

아들에게 긍정적인 자화상을

요즘의 남자아이들에 대해 생각해봅시다. 만일 청소년들이 패싸움을 벌였다는 뉴스를 듣는다면, 대개는 그 아이들이 여자아이들이 아니라 남자애들일 거라고 확신합니다. 오스트레일리아에서 일어나는 청소년의 자살은 다섯 명 중 네 명이 남자아이들입니다. 과속으로 경찰에게 쫓기다 교통사고를 낸 운전자, 학교의 문제아, 도둑, 연쇄살인범, 경제범죄의 주범들, 독재자들은 왜 거의 항상 남자들일까요?

> 남자아이들은 또래 여자아이들에 비해 5배나 높은 학습장애를 갖고 있고, 문제행동을 10배나 더 많이 일으킨다. 어른들의 경우 남성이 여성보다 자동차 사고를 4배나 더 일으키고, 감옥에 가는 경우는 9배나 많다.

우리의 아들들을 '정상적으로' 키우는 것만으론 부족합니다. 왜냐하면 현대사회에서 정상적인 남자라는 말은 긴장 속에 있고, 경쟁적이고, 감정에 무디다는 것을 일컫기 때문입니다. 이제 '새로운 남자'를 키워야 할 때입니다.

이 장에서는 남자아이들을 향한 우리의 시야를 넓힐수록 그들의 장래가 희망적이라는 것에 중점을 두었습니다.

부모가 해야 할 첫번째 일은, 우리 아들들이 어떤 사람이 되기를 원하는지 분명하게 정리하는 것입니다.(다음 페이지의 표를 참조하십시오.)

이것이 바로 여성들이 찾는 남성입니다. 그리고 장담하건대, 남성들 또한 스스로 이렇게 되기를 원합니다.

바로 이런 점들이 아들을 키우는 부모들이 잊지 말아야 할 목표

우리에게 필요한 남성은 어떤 사람인가?

인간관계에 대한 주말 세미나가 여성들을 대상으로 진행되고 있었다. (동시에 다른 방에서는 함께 온 배우자들이 세미나를 갖고 있었다.) 강사는 참석한 여성들에게 그들이 중요하게 생각하는 남성의 자질을 말해보라고 했다. "돈이 많아야죠" 같은 농담 몇 마디와 차마 지면에 옮길 수 없는 대답들이 한두 차례 나온 후, 여성들은 곧 진지해졌다. 다음은 그녀들이 만들어낸 리스트이다.

열정

자주성

일을 나누고 함께 하려는 마음

깊은 사랑을 할 수 있는 능력

모든 일에 화만 내는 것이 아니라 슬픔이나 두려움을 느낀다고 말할 수 있는 것

여성에 대한 존중과 뒷받침

융통성 있고 관습에 얽매이지 않는 창의성

타인을 존중하는 자세

유머가 넘치지만 진지해야 할 때를 아는 것

안정적이고 믿음직스러움 (그러나 지루하지는 않은)

목표를 포기하지 않고 끝까지 해내는 의지

끈적끈적하지 않고 의존하지 않는 사랑

긍지에 차 있으나 이기적이지 않음

신중하고 폭력을 쓰지 않는 태도

춤과 노래도 웬만큼 하면서 인생을 즐길 줄 아는 것

일중독증이 아닐 것

야성적이고 자유로움

추진력

자연스럽고 편안한 태도

의 일부분입니다. 진정한 남성의 모습에 대한 깨달음이 부모가 아들을 이끌어주는 이정표가 되고, 일상적이고 조그만 일들이 벌어졌을 때 언제 개입해야 할지 결정해주는 기준이 됩니다. 여동생이 싫다고 분명히 말하는데도 계속 간질이는 오빠가 있다면, 그때 부모 역시 분명한 태도로 아들에게 그러지 말라고 해야 합니다. 물론 여동생이 오빠한테 이유 없이 신경질을 부린다면 마찬가지의 입장을 취해야 하죠. 만약 아들이 왜 그러지 말라고 하느냐고 이유를 물으면, "엄마 아빠는 네가 다른 사람의 몸과 마음을 존중하며 크길 바래. 너 역시 그런 존중을 받기 바라고. 사람들이 그만두라거나 하지 말라고 하면 하지 말아야지"라고 얘기해줍니다. 여러분은 이것이 인생에서 얼마나 중요한 태도인지 곧 확인하게 될 것입니다.

세상은 남자아이들을 어떻게 취급하는가?

남자아이들에게는 특별하고도 소중한 무엇인가가 있습니다. 아들과 딸을 같이 둔 부모들은 이들이 각기 다른 기질을 갖고 있다는 것을 주목합니다. 남자아이들은 자신의 감정을 노출시키는 경향이 있는 것 같습니다. 간혹 강한 열정을 보이고, 보호본능도 갖고 있는 것 같습니다. 영웅적인 행위와 액션에 열광하고, 의리를 중시하고 참을성이 많으며 정의감에 불탑니다. 남자아이들은 유머감각이 있으며 대체로 낙관적이고 아주 솔직합니다.

저는 어린 남자아이들을 마주할 때마다, 세상이 얼마나 자주 그 아이들을 하찮게 여기는지, 그들이 가진 기질의 특성이 얼마나 등한시되고 있는지를 보게 됩니다. 매우 슬픈 일이죠.

남자아이들이 얼마나 많은 도움을 필요로 하는지, 그 아이들이 처한 상황을 훑어보면 두 가지 주목할 만한 사실이 나타납니다. 첫째, 유니세프(국제연합아동기금)의 발표에 의하면, 서구사회에서 오스트레일리아 청소년의 자살률이 제일 높다고 합니다. 그리고 십대 남자아이들의 자살률이 여자아이들에 비해 4배나 더 높습니다. 두번째로, 몇 년 전의 통계지만 아버지가 자기 아들과 얼굴을 대하는 시간이 하루 평균 6분이라고 합니다. 별로 자랑스럽지 못한 이 두 가지 사실은 서로 연결되어 있을 가능성이 높습니다. 따라서 이제 아들을 잘 키우기 위해서는 무엇을 어떻게 해야 하는지 살펴보아야 할 때입니다.

남자아이들에게 필요한 것은 어떤 것들인지 꼽아보고, 각각의 이유를 주의깊게 짚어보겠습니다.

1. 아버지가 필요하다. 사정이 여의치 않다면 최소한 아버지 역할을 훌륭하게 해줄 사람이 필요하다.

2. 아버지는 아들을 잘 키우기 위해 다른 남성들의 도움이 필요하다.

3. 여자아이들 앞에서 어떻게 행동해야 하는지를 배워야 한다. 여성들을 존중하고 여성들과 동등해지는 것을 배워야 한다.

4. 폭력이나 진부한 사고에 노출되어 손가락질 받는 사람이 되거나 냉담하게 다루어지거나 타락하지 않게 보호되어야 한다. 남자아이들은 자신의 성을 하찮은 것이 아니라 특별한 것으로 여길 수 있어야 한다.

5. 자립할 수 있도록 일하는 법을 배워야 한다. 여기에는 집안일도 포함된다.

아버지들은 다 어디로 갔는가?

150년 전에는 남자들과 남자아이들의 삶이 지금과 매우 달랐습니다. 거의 모든 남성들이 농업에 종사하면서 가내수공업으로 물건을 만들어 자급자족을 하거나 사고 팔았습니다. 따라서 남자아이들은 아버지와 마을의 남자어른들 틈에서 자랐습니다. 삼촌들과 사촌들, 조부모들은 모두 기꺼이 아이를 가르치고 친구가 되어주었습니다. 그러다가 갑자기 산업화가 되어 가족이나 마을공동체가 사라지고 수백만의 사람들은 일을 하기 위해 공장이나 대도시로 몰려갔습니다. 아버지는 일 주일 내내 일하러 나가고, 어머니들이 아들들을 길러야 했습니다. "아버지가 오시기만 해봐라!"가 흔한 잔소리가 되었지요.

친지와 이웃들로 이루어진 공동체의 도움을 잃게 되고, 가족의 규모 또한 줄어들기 시작했습니다. 100년 전의 가정에는 평균 6~7명의 자녀가 있었습니다. 그러나 그 시절로 돌아가려는 사람은 거의 없지요. 가족의 크기가 작아졌을 뿐 아니라, 쪼개지기 시작했습니다. 이혼이 급증하고, 아예 결혼을 거부하는 남성 독신자들도 많아졌습니다. 얼마 지나지 않아 많은 어린이들이 홀어머니 밑에서 자라나게 되었으며, 이런 추세는 지금까지 계속되고 있습니다. 가족사진에서 남자들이 사라지고 있습니다. 예를 들면, 이혼 후

일 년 이내에 3분의 1 정도 되는 아버지들이 자녀들의 삶에서 사실상 없어지고 있습니다.

아버지가 같이 산다 해도 마음속에서 '지워진' 상태인 경우도 있습니다. 직장생활을 하는 많은 아버지들이 일찍 나가고 늦게 귀가하며, 집에 있을 때조차 피로에 지쳐 있고 기분이 가라앉아 있을 때가 대부분입니다. 어린아이들은 주말이 되기 전에는 아버지 얼굴을 보기조차 힘듭니다. 아버지가 출근할 때 잠들어 있고, 퇴근할 때도 잠들어 있기 때문입니다. 직장이 없는 아버지라면, 그리고 당사자가 하려고만 들면, 직장에서 승승장구하는 아버지보다 좋은 아버지가 될 기회가 더 많습니다.

이러한 아버지의 부재는 어린 딸들에게도 상처와 피해를 주지만 특히 어린 아들들을 황폐하게 합니다. 남자아이들은 공격적인 행동으로 그것을 드러내거나, 보상심리로 어머니의 치마폭에 싸이려 하지요. 보고 자랄 만한 본보기가 없는 남자아이들은 어떻게 해서 남자가 되는지 배울 수가 없습니다. 어떤 심리학자들은 소년이 남자가 되는 법을 배우기 위해서는 하루에 여러 시간을 남자 어른과 접촉해야 한다고 주장합니다. 만약 꼬마 민수의 교사가 여선생님이고, 엄마와 함께 살고, 할머니 집에서 지낸다면, 그리고 엄마의 친구들만 보게 된다면, 민수는 남자가 되는 어떤 방법도 배우지 못하게 되는 것이죠. 남자아이들의 생활에 남자어른이 부재한다는 것은 우리 사회의 큰 문제입니다.

홀로 아들을 키우는 엄마라면?

여자 혼자서도 아들들을 건강하게 키울 수 있습니다. 그러나 여러 명의 홀어머니들과 얘기를 나누며 알게 된 사실이지만, 그러기 위해서는 특별한 노력이 필요합니다.

엄격하면서도 따뜻하게

어머니든 아버지든 혼자가 되고 나면, 엄격한 사랑과 부드러운 사랑을 상황에 따라 번갈아 주면서 균형을 맞춰야 합니다. 혼자된 어머니의 경우, 아들에게 필요한 엄격함을 유지하려고 노력하느라 부드러운 사랑을 잃어버릴 위험이 있습니다. 원래 여성은 상대방

을 대하는 데 있어 남성만큼 전투적이지는 않습니다. 남성들의 경우 "에이, 또 너냐" "잘 지냈냐, 자식아"라는 말로 반가운 인사를 하는 것을 흔히 볼 수 있습니다. 여성들이 반가움을 표시하는 인사와는 무척 다르지요. 이와 마찬가지로 아이를 혼내서 가르쳐야 하는 문제도 대체적으로 아버지에게 더 수월한 일입니다. 실제로 어머니가 엄격하게 자녀들을 대할 때, 그 남편인 아버지는 자신의 무뚝뚝함을 누그러뜨리고 좀더 적절하게 대하려고 노력하게 됩니다.

가끔 남자아이들은 무의식적으로 전투적인(심각한 대결이 아니라 친근하고 위험하지 않은) 격렬함을 원하는데, 그것은 신체 특성상 호르몬 때문에 생기는 현상입니다. 홀어머니인 경우에는 그런 상황에 어떻게 대처해야 할지 친구나 전문가에게 도움을 청하십시오. 특히 열네 살 전후의 아들을 둔 어머니들은 많은 도움과 충분한 에너지가 필요합니다. 또 이 시기에 대단히 중요한 것은, 절대로 때리거나 매질을 하면 안 되고 또 말로 상처받는 일이 없게 해야 한다는 점입니다.

남자아이들이 말썽을 피우는 이유

열네 살인 준호는 오후 늦게 자전거를 타고 나가 친구들과 어울리는 것을 좋아한다. 어느 날, 준호가 저녁식사에 늦었다. 어머니는 잔소리를 했지만 아버지는 크게 신경 쓸 일은 아니라고 여겼다. 결국 어두워지기 전에만 들어오면 괜찮다고 했고, 앞으로 준호의 저녁식사는 식지 않게 따로 두기로 했다.

몇 주가 지난 후, 준호는 아주 늦게, 9시쯤 들어오고는 바깥이 그렇게 어둡지 않다고 주장했다. 어머니는 걱정을 많이 했지만, 아버지는 "괜찮아 괜찮아, 심각한 말썽만 안 피우면 돼. 그리고 10시 전에만 들어오면 되지 뭐, 남자애들이란 원래 좀 풀어지고 싶어하잖아"라고 말했다.

며칠 후, 경찰이 준호를 집에 데려왔다. 근처 쇼핑센터에서 친구들과 어울려 CD 몇 장을 훔친 것이다. 그 도둑질로 인해 기소된 여러 소년들 중에 준호도 끼어 있었다.

준호의 부모, 특히 아버지는 아들의 문제를 정면으로 진지하게 받아들이는 걸 피했다. 그래서 그는 아들이 지켜야 할 규칙을 어겼을 때 대충 넘어가버렸다. 자유롭게 해준다는 미명 하에 규칙이 제멋대로 왔다갔다했기 때문에 준호는 부모의 관심을 끌기 위해 더 큰 규칙을 어겨야 했다.

준호의 아버지는 회사의 중역으로 해외출장을 자주 다녔다. 지성을 갖춘 사람으로서 이제 그는 아들과의 연대감을 만들고 아버지 노릇을 제대로 시작하기로 했다. 아들의 행동을 지켜봐주고, 무엇보다도 아들의 문제에 아버지가 팔을 걷고 나섰다는 점이 중요하다. 더 많은 출장을 다녀야 하는 승진 제의까지 거절했다. 물질적인 손해는 약간 있겠지만, 아들이 감옥에 가는 일은 없을 것이다.

남자아이들은 어떻게든 말썽을 부린다. 자기 기운과 맞먹을 만큼의 더 큰 에너지와 '맞닥뜨리고' 싶기 때문인데, 그 상대가 아버지이거나 아버지 역할을 하는 사람이기를 바란다. 아버지와 별다른 접촉이 없는 소년들은 특히 만화나 게임에 나오는 '무지막지한 근육질의' 액션 영웅들에게 빠져든다. 아버지와

> 깊이 연결되어 있는 소년들은 조용하고 의사소통을 잘하고 더 안정되어 있다는 것을 확연히 알 수 있다. 이런 아이들은 학교에서 더 활발하고, 말썽을 덜 일으키며, 학교를 졸업하고는 일자리를 더 쉽게 구한다.
>
> 연구에 의하면 남자아이들의 약물중독이나 음주문제는 부모와 같이 보내는 시간이 얼마만큼인지와 직접 연관되어 있다고 한다. 청소년기는 아이들을 무관심하게 그냥 내버려둘 수 없는 시기이다.

적합한 본보기 찾기

아버지 없이 자라는 아들의 경우에는 본보기가 될 만한 남성들을 적극적으로 찾아나서야 합니다. 학교에서 좋은 남자교사가 맡은 반에 배정이 되도록 부탁하거나, 운동이나 과외활동을 남성이 이끄는 모임으로 골라줄 수도 있습니다. 그때 자기 아들이 그 사람을 따르고 닮기 바라는지 잘 생각해봐야 합니다. 이것이 바로 본보기가 가지는 의미입니다. 축구팀 코치나 태권도 선생님은 훌륭한 본보기가 될 수도 있지만 자칫 덫이 될 수도 있으니까요.

아들과 같이 시간을 보내는 사람에 대해 아주 까다롭게 선택해야 합니다. 아이를 성희롱의 대상으로 삼는 사람들은 아버지가 없는 남자아이들이 남자어른의 관심을 끌고 싶어한다는 점을 교묘하게 악용합니다. 드문 일이 아닙니다. 오스트레일리아의 남자아이 7명 중 1명이 유년기에 희롱을 당한다는 통계가 있습니다. 아들의 인생에 등장하는 남성들에 대해 주의깊게 살피십시오.

아들을 아버지와 만나게 하자

아이의 아버지가 위험하거나 무책임한 사람만 아니라면, 아이가 아버지와 계속 접촉할 수 있도록 노력하십시오. 별거중이거나 이혼한 후에도 전남편과 연락을 끊지 않고 있다면, 아들이 열네 살 전후가 되었을 때 아버지에게 보내서 잠깐씩이라도 같이 지내도록 하는 것을 고려해봐야 합니다. 여러분이 깨닫고 있지 못하는 사이에 아들들은 같은 남자인 어른에 의해 통제받기를 바랍니다. 홀어머니들은 '애아빠가 애를 제대로 돌보지 않을 텐데!'라는 걱정으로 이 과정을 두려워하기도 하지요. 가끔 그 걱정이 사실로 나타나기도 합니다. 하지만 대부분의 아버지들은 아버지 역할을 맡게 될 경우 자기 내면에 숨어 있던, 아이를 기르거나 가르칠 수 있는 자질을 발견해냅니다. 이렇게만 된다면 모두에게 적절한 해결책이 되는 거지요.

혼자서 부모 역할을 해낸다는 것은 영웅적인 일입니다. 부모가 양쪽 다 있으나 불행한 가족보다는 오히려 홀로된 어머니나 아버지와 지내는 게 낫습니다. 홀로된 부모가 봉착하는 어려움은, 자녀에게 올바른 영향을 끼치기 위해서 혼자서는 할 수 없는 일이 있을 때 그 보완책을 찾는 것입니다.

아버지 노릇의 참된 의미

많은 아버지들이 자식들에게 잘 대해줍니다. 그러나 아버지 노릇을 '제대로 하는 법'에 대해서는 전혀 모르고 있는 경우가 많습니다. 저도 아이들이 어렸을 때, 아이 키우는 일을 그냥 전부 아내한테 미루고 싶은 마음이 들곤 했습니다. 아내가 훨씬 잘하고 있는 것처럼 느꼈기 때문입니다. 그러나 이제는 아버지로서 역할을 하는 것이 제 인생의 가장 큰 즐거움이 되었습니다.

처음으로 아버지가 되었을 때 아버지 역할에 서투를 수밖에 없는 것은 아버지 노릇이 어떤 것인지 보고 배운 경험이 전무하기 때문입니다. 많은 사람들이 적극적으로 아버지 역할을 하는 아버지를 보고 자라지 못했습니다. 우리들 아버지는 그냥 방에서 신문을 뒤적거리며 잔소리나 하는 분이었지요. 따라서 그런 아버지에 대한 기억 속에서는 뭔가 끄집어내어 아버지 노릇의 모델로 삼을 만한 것이 없습니다.

다행스럽게도 제가 직접 경험한 바에 따라 이렇게 얘기할 수 있습니다. 아버지 노릇이란 그리 어려운 일은 아니라는 것, 그리고 일단 하기 시작하면 스스로도 그 일을 좋아하게 될 것이라는 점입니다. 여러분의 순조로운 시작을 위해 두세 가지 방법을 얘기해보겠습니다.

거칠게 뒹굴기

남자아이들은 엎치락뒤치락하고, 간지럼을 태우거나, 온몸을 사용해서 거칠게 노는 것을 좋아합니다. 아이의 나이에 상관없이 공통적으로 보이는 특성이죠. 기회가 있을 때마다 또 기운이 있을 때마다 아이들이 좋아하는 방식으로 같이 뒹굴어주십시오. 단, 다칠 위험이 없는 안전한 곳에서 말입니다. 이때 아이에게 목표를 주면 더욱 좋습니다. 예를 들면 팔로 아이를 가두고 거기서 빠져

나오는 시합을 하며 놀아보십시오.

 이런 것에는 재미 이상의 장점이 있습니다. 아이와 엉겨붙어 함께 뒹굴면서 중요한 몇 가지 가르침을 줄 수 있다는 것입니다. 너무 부주의하거나 위험하다 싶으면 곧 놀이를 멈추고 가만히 진정시킵니다. 그리고 다시 시작합니다. 이렇게 하면서 넘치는 기운이나 힘을 다루고 가라앉히는 법을 가르칠 수 있습니다. 항상 유머감각을 잊지 말고 지나친 경쟁심리가 들지 않도록 주의해야 합니다. 아이들이 이기도록 두고, 또 이길 수 있게끔 해줍니다. 그러는 동안 서로 주고받으며 즐거움을 느끼는 것과 좋은 패배자의 모습을 보여줌으로써 아이에게 교훈을 줄 수 있습니다. 무엇보다도 가장 중요한 의미는, 레슬링 등 거칠고 험한 놀이가 친밀감과 특유의 남성성이라는 두 가지를 다 가지고 있다는 점입니다. 딸아이도 이렇게 노는 것을 좋아하는 경우가 있긴 합니다. 특히 어릴 적에 그런 경향을 보이지요.

 제 아버지는 자식을 껴안아주거나 겉으로 애정을 표현하지 않았던 분입니다. 또한 그 세대의 많은 남자들이 그랬듯이, 험난한 인생을 보냈습니다. 그러나 아버지와 저는 사촌이나 조카들과 함께 레슬링을 하며 놀았습니다. 요즘도 아버지를 뵈러 갈 때마다 아버지는 항상 아이들에 둘러싸여 지내십니다. 멋지죠!

행동으로 가르치기

 '제아무리 어렵게 여겨지는 사람일지라도 가르칠 때만큼은 친해질 수 있다'는 말이 있습니다. 자동차라든가 컴퓨터, 자연관찰, 등산, 낚시, 목공예 등 어느 것이든지 아들이 좋아하고 여러분도

잠깐이라도 귀를 기울이세요!

　우리가 가질 수 있는 인생에서의 최고의 기술—사실은 의지력이라고 해야 맞겠지만— 은 말다툼이나 분쟁의 와중에 잠깐 멈추고 상대방의 이야기에 귀기울이는 것이다. 이 기술은 적어도 하루에 다섯 번은 쓸 수 있다.
　어느 더운 여름날 오후, 나는 아들과 함께 양수기를 작동시키기 위해 숲으로 갔다. 우리는 우리 소유의 저수지에 물을 채우기 위해 해마다 디젤 펌프로 된 양수기를 작동시킨다. 그때 아들은 만 네 살이었다. 너무 어린 나이가 아니냐고 하겠지만 사실 꼭 필요한 조수였다. 아들의 임무는 내가 손잡이를 당기는 사이에 스위치를 누르는 것인데, 기계를 작동시키기 위해서는 스위치를 누르는 타이밍을 잘 잡아야 했다.
　양수기는 크고 낡아서, 우리는 몇 번씩이나 실패했다. 나는 기분이 좋지 않았다. 엉겅퀴 가시가 다리를 찌르고 모기들이 사방에서 앵앵거렸다. 무거운 손잡이를 당기느라 팔도 아팠다. 그때 내 조수가 파업에 들어갔다! 아들녀석이 저수지 쪽으로 가버린 것이다. 나는 화가 치밀어올랐다. 나는 아들을 단단히 꾸짖으리라 마음먹었다. 그러나 아들은 내 눈을 빤히 쳐다보았고, 거의 비난하는 듯한 눈빛이었다. "왜 안 도와주니?" 나는 목소리를 부드럽게 내려고 애썼다. "연기가 너무 많이 나요. 숨을 못 쉬겠어요" 하고 아들이 말했다. 맞는 말이었다. 엔진을 돌리려고 몇 번이나 시도하는 바람에 우리 주변엔 매연이 자욱했다.
　그래서 우리는 물가에 몇 분간 함께 앉아 있었다. 다시 일을 시작하기 전에 조용히 휴식을 가졌다. 그리고 나서 다시 해봤더니, 단 한 번에 양수기는 작동되었다!

이런 일은 한 번에 그치는 게 아니다. 아이가 나이를 먹고 지혜로워짐에 따라 이런 경험을 더 많이 겪게 될 것이다. 바로 그런 순간에 부모들은 간단한 사실을 하나 깨닫게 된다. '아이가 옳았고 내가 틀렸다'는 것, 그리고 상대의 말에 귀기울인다는 것이 얼마나 중요한 일인지 깨닫게 된다.

가르쳐주고 싶은 것을 고릅니다. 참고로 완벽주의자는 되지 마십시오. 아들이 기죽게 됩니다. 즐거운 시간을 함께 가지자는 거지, 높은 수준이 되도록 훈련시키자는 게 아닙니다.

최소한 하루에 한 시간씩은 아들을 포함해서 식구들과 얘기를 나누거나 이것저것 함께 하면서 지내야 합니다. 만약 직장일 때문에 그렇게 할 수 없다면 진정 중요한 게 어떤 건지 심각한 고민을 해봐야 합니다. 겁을 주고 싶진 않지만 오늘날 사회적인 성공과 좋은 아버지가 된다는 것을 병행하기란 아주 어렵습니다. 아들들은 갖가지 분위기 속에서 다양한 활동을 하며 아버지에 대해 알 수 있어야 합니다.

행동으로 보여주기

만약 아버지가 직접 요리와 청소를 하고 아이들을 돌보는 것을 아들에게 보여준다면 그 아들도 역시 집안일을 열심히 도울 것입니다. 단순히 '재미있게 함께 시간을 보내는 존재' 이상이라는 것을 아들들에게 보여주십시오. 어떻게 하면 온전하고 진정한 남자가 될 수 있는지 직접 몸으로 보여주면서 아들을 가르칠 수 있습니다. 만약 여러분이 스스로를 잘 돌보고, 대인관계가 좋으며 친절하게 대하고, 감정 표현이 분명하며, 신념을 지키기 위해 굳건하게 행동한다면, 그래서 아들들이 그 모습들을 보게 되면, 말로 가르치는 것보다 몇백 배나 더 강한 교훈이 됩니다. 아들이 그렇게 커주길 바라는 어떤 사람의 모습이 있다면, 스스로 먼저 그 '어떤 사람'이 되어야 할 것입니다!

아들이 다른 남자어른을 접해보게 할 것

아버지 여러분, 친구와 같이 뭔가 하려고 한다면 아들을 끼워주십시오. 그래서 아들이 아버지의 친구들을 만나보고, 그 친구들로부터 뭔가 배우거나 해서 다른 남자어른들로부터 인정을 받게 해주어야 합니다. 부자지간끼리 다녀오는 캠핑에 데려가는 것도 좋은 방법입니다.

한 번쯤은 아버지의 일터에 데려가서 아버지가 하는 일이 무엇인지를 보여주십시오. 여러분의 원대한 꿈이 있는 곳, 이상적으로 여기는 것이 무엇인지를 보여주십시오. 인생을 살아가며 여러분이 치렀던 희생이나 수고, 그리고 인내했던 일을 알려주십시오.

무엇보다도 우선, 아들 곁에 있어주십시오. 같이 빈둥거리는 시간을 가져보는 것도 좋습니다.

남자아이들도 보호해주어야 한다

언젠가 어느 초등학교에서 모임을 주최하기 위해, 밖에서 수업이 끝나기를 기다리고 있었던 적이 있습니다. 한 무리의 여덟아홉 살 정도 되는 남자아이들이 교실 밖으로 천천히 나오고 있었습니다. 아이들 모습이 점점 가까워지면서 뭔가 이상해 보였습니다. 그중 몇 명은 울고 있었습니다. 아이들 모두 무슨 충격을 받았는지 창백하게 질려 있는 얼굴이었습니다. 나중에야 어느 학부형으로부터 자초지종을 듣게 되었습니다. 그 아이들의 남자 선생님이 성인용의 잔인한 전쟁영화를 보여주었다고 하더군요. 그날이 안작 데이(Anzac day : 오스트레일리아의 전몰장병 추모일. 한국의 현충일인 셈이다—옮긴이)라는 이유로 말입니다. 사전에 어떤 설명이나 마음의 준비도 시키지 않은 채, 90분 동안의 폭력을 그대로 보여준 것입니다. 흔히들 남성이나 남자아이들은 감정이 없다거나, 성향이 공격적이라거나, 둔감하다는 비난을 받곤 합니다. 왜 그렇게 됐을까요?

끝없는 폭력 만화나 영화, 상상력이 결여된 전쟁게임들로부터 아이들을 보호해야 합니다. 그런 것들로 인해 우리의 아들딸들이 유년기를 도둑맞지 않도록 말입니다. 그런 것들을 완전히 차단하는 것이 불가능하다고 해도 그 속도를 조금 늦춰줄 수는 있습니다. 폭력적인 장면을 보면 무서워하면서도 아이들의 놀이나 전쟁게임도 폭력적이 됩니다. 장난감 병사나 로봇을 가지려고 하는 것도 거기서 느껴지는 힘을 가지고 싶기 때문입니다. 실제 전쟁이 일어나고 있는 전쟁터의 아이들은 대부분 전쟁놀이를 하고 놉니다. 왜 우리의 가정을 꼭 전쟁터마냥 여기는 걸까요? 가정이 자연의 아름다움과 따듯함, 신나는 모험으로 가득 찬 남태평양의 어느 열대 섬의 느낌을 갖도록 할 수는 없을까요?

컴퓨터도 마찬가지입니다. 아들이 끝없는 미로를 찾거나 단지 같은 모양의 그림을 찾아내는 진부한 컴퓨터 오락에 몇 시간씩이나 넋을 잃고 앉아 있게 하지 마십시오. 그런 게임들은 중독성이 있는데다 손가락의 경련말고는 아무것도 얻을 게 없습니다.

지금보다 더 활발하고 화목하고 자연스러운 활동을 마련해보면 어떨까요. 아들에게 뭘 하나 사주기보다는 함께 시간을 보내십시오. 아들이 자신보다 어린 아이들을 잘 돌보고 자신의 감정이나 정의가 어떤 건지 제대로 깨우칠 때마다 칭찬을 하고 높이 평가해 주십시오. 아이들이 잘 어울릴 수 있는 애완동물을 마련해주는 것도 좋은 방법입니다. 여러분이 이렇게 하고 나면, 여러분의 아들에게서 자연스러운 사랑의 감정이나 부드러움이 솟아나오는 것을

보게 될 것입니다.

사람들을 대하고 관계 맺는 것을 가르치기

아들을 둔 부모가 해줄 수 있는 아주 좋은 일 한 가지는 아들이 이성과 어울릴 수 있게 가르치고, 그들과 대화하고 서로 도울 수 있도록 돕는 일입니다. 아들이 또래의 여자아이들을 존중하고 배려하도록 가르쳐야 합니다. 아이들이 십대가 되면, 벽에 여성 잡지에서 뜯어낸 사진이나 그림 등을 붙이지 못하게 하십시오. 대부분의 남자아이들은 여성의 신체에 대해 흥미를 가지고 있게 마련입니다. 하지만 성(性)이란 결코 추잡하거나 하찮게 여겨도 괜찮은 것이 아니라, 아름답고 특별한 것이라는 생각을 간직하게 해줘야 합니다.

여성에 대한 존중을 가르치기

아버지로서 다음 두 가지 방법으로 이것을 가르칠 수 있습니다. 하나는 스스로 여성들을 존중하는 것을 보여줌으로써, 또하나는 아들이 엄마에게 무례하게 굴 때 엄격하게 혼내줌으로써 여성을 존중하는 태도를 심어줄 수 있습니다. "엄마한테 그런 식으로 말하면 안 돼!" 같은 표현들은 가정생활의 결정적인 순간을 만들 수 있습니다. 단, 한 번 따끔하고 강하게 하는 것으로 그쳐야 합니다.

여러분이 어머니라면 아들에게 조용히, 그러나 분명하게 존중을 요구하십시오. 아들아이와 딸아이가 싸우면 중재를 하되, 서로 모욕적인 별명을 부르거나 힘으로 위협하지 못하게 하십시오. 그리고 아이들이 자기 감정을 솔직하게 털어놓아도 된다는 것, 서로 존중하면서 문제를 해결할 수 있다는 걸 가르치십시오. 아들이나 딸 누구의 편도 들지 말고 공평한 태도를 취해야 합니다. 언뜻 남자아이는 별 감정이 없다고 여겨지지만, 남자아이에게도 풍부한 감정이 있습니다. 어머니 스스로도 이것을 명심하고 딸아이에게도 가르쳐주세요. 남자아이라고 마치 감정이 없는 것처럼 취급해버리면 스스로 상처받지 않으려는 방어심리로 인해 진짜로 감정에 무뎌지게 됩니다.

아들에게 어떤 느낌이 드는지 물어보고, 아들아이가 슬프거나 무서워할 때를 알아차릴 수 있게 노력하는 것이 필요합니다. 여러분이 그와 같은 감정을 느끼고 있을 때 아들에게 이야기해주십시오. 남성을 억압하고 고통스럽게 하는 '남자는 감정 표현을 절제해야 한다!'는 생각은 버리시기 바랍니다. 아들의 섬세하고 부드러운 감정이나 행동을 절대 웃음거리로 삼으면 안 됩니다. 특히 어렸을 때 가졌던 이성을 좋아하는 감정을 웃음거리로 삼을 생각은 꿈에도 하지 마십시오. 아들은 강할 수도 있고 섬세할 수도 있습니다. 그 두 가지는 동전의 양면과 같습니다.

아들에게도 설거지를 가르치자

　아들에게도 요리나 세탁, 설거지 등의 집안일을 가르치고 그 일을 하면 칭찬하십시오! 열 살이 넘을 즈음엔 아이가 일 주일에 한 번 정도는 식사준비를 하게 하고, 자신이 한 일에 뿌듯함을 느끼게 해줍니다. 처음엔 그저 인스턴트 식품을 데우거나 라면을 끓여내도 괜찮습니다. 곧 꽤 먹을 만한 '요리'를 내놓을 수 있게 됩니다. 아들이 부엌에 발을 들여놓을 수 있게 도와주면 됩니다. 대부분의 남자아이들은 집안일을 돕고 자기가 기여했다는 것으로 인해 상당한 즐거움을 얻는답니다.

　정기적으로 자기가 어지른 것을 스스로 치우게 한다든가, 세탁과 바느질 등도 가르치십시오. 맡은 일을 하지 않았다고 잔소리를 늘어놓지는 마세요. 대신 그날 아이가 해야 할 일을 두 배로 늘리는 방법을 써보세요. 이 점에 관해서 슈퍼맨 같은 엄마들은 흔히 이런 말을 하지요. "그냥 내가 하는 게 빠르지, 아휴 그걸 애한테 맡기면 시간이 얼마나 오래 걸리는데요." 당연합니다. 가르치는 건 시간이 걸리는 일입니다. 그러나 이런 상상을 해보십시오. 아들이 스무 살이 되었을 무렵에는 엄마만큼이나 유능하게 집안일을 척척 해내는 모습을요. 초기에 약간의 투자를 하는 것은 분명히 가치 있는 일입니다!

짧게 덧붙이자면

우리는 한 명의 '남자'를 만들고 있는 중입니다. 여러분이 지금껏 이룬 것들을 생각해보고, 아직 남아 있는 목표들을 생각해보십시오. 처음에 언급했던 여성 세미나에서 나온 바람직한 남자의 모습을 적은 목록을 보고 체크해볼 수도 있을 것입니다. 더 성취하고 싶은 것들은 어떤 것들인가요?

아들이 앞으로 어떤 사람이 되었으면 좋겠는지 시간을 두고 생각해보시기 바랍니다. '우리 아들은 훌륭한 젊은이가 될 거야'라는 소망을 정하고 이 꿈을 이루기 위해 매일 사소한 일상에서부터 시작해야 합니다. 그러면 여러분이 아버지이건 어머니이건 간에 인생에서 가장 위대한 만족을 얻을 것입니다. 그리고 그 일은 세상에 대한 큰 공헌이기도 합니다.

7 딸 키우기

딸을 통해서 어머니들은 자신의 인생을 새로이 시작합니다. 따라서 딸은 어머니에게 큰 영향을 미칩니다. 그리고 어머니가 자신의 인생을 어떻게 느끼고 있는가는 딸과의 관계에서 많은 영향을 받습니다.

어머니와 딸들

어머니와 딸은 아주 아름다운 유대관계가 될 수도 있고, 마치 시한폭탄 같은 위태로운 관계가 될 수도 있습니다. 어머니와 딸은 대개 서로를 깊이 이해하며 때로는 그것이 심화되어 텔레파시를 나누는 것같이 보이기도 합니다.

어머니들은 아버지가 아들한테 느끼는 것처럼 딸들에 대해 강한 감정을 갖고 있습니다. 아이들은 어찌 보면 새로 태어난 우리 자신이기 때문입니다. 아이들의 모습을 통해 우리의 모든 희망이나 두려움, 삶에 대한 느낌들이 고스란히 보이니까요. 이런 것들이 계속 이어진다는 것을 아는 건 도움이 됩니다. 만약 그렇지 않고 부모와 단절되어버린다면 딸들은 아주 괴팍스럽기까지 한 태도를 지니게 됩니다! 딸이 십대가 되어 부모들의 기대가 과도하다 싶으면 특히 민감해집니다. 그렇기 때문에 상황이 격렬해지기 십상이죠. 딸을 가진 어머니 중에는 차라리 아들이 낫다고, 아들 쪽이 훨씬 더 단순하다고 하는 분들이 한둘이 아닙니다.

그러나 까다로운 만큼 가치 있는 일입니다. 딸을 키우는 게 쉽지 않은 부분적인 이유는 딸과 아주 가까운 사이가 되길 바라는 기대 때문입니다. 하지만 그런 사이가 되기 전까지는 딸은 어린아이이며 보살핌이 필요합니다. 딸을 잘 키우고, 바람직한 부모가 되기 위해서는 일단 이런 집착을 버려야 합니다.

이 말이 무얼 의미하는지 자세한 설명을 해볼까 합니다.

어머니들은 딸에게서 자기 자신을 봅니다. 좋든 나쁘든 간에 이 자아의 투영이 온갖 욕망을 일으키고, 그 욕구는 의식과 무의식의 영역에 모두 있으며 아주 강합니다.

어머니들이 딸들에게 가지는 욕구들을 한번 볼까요.

- 딸은 자신보다 더 많은 기회를 갖게 되기를 바란다.
- 가까이 있기를 바라면서도 한편으로는 독립해 나가서 딸이 자신의 인생을 살기 바란다.
- 아빠와 잘 지내기를 바란다.
- 완벽한 배우자를 찾기 바란다.
- 딸의 인생에 어떤 종류의 고통도 없기를 바란다.

무의식적인 욕망이란 무슨 뜻일까요? 예를 들어보도록 하죠. 제 친구의 어머니는 어렸을 때 지독한 가난을 겪었습니다. 그분이 생

각하는 좋은 부모란 아이에게 필요한 것을 몽땅 다 마련해주는 부모였습니다. 그러기 위해서 장시간의 근무도 마다하지 않았지요. 그러나 그 결과 딸은 어머니와 보내는 시간이 극히 적었고, 어머니가 늘 곁에 없으니 종종 쉽게 상처받았습니다. 그분이 돈을 덜 버는 대신 좀더 딸과 함께 시간을 보내고 보살폈더라면 좋았을 것입니다.

때로 우리의 욕망이나 동기는 무의식적인 것이고, 일이 진행되는 상태에 따라 그것을 되돌려 생각해보지도 않습니다. 관건은 스스로의 느낌에 달려 있습니다. 여러분 입에서 튀어나오는 이야기에 귀기울이고, 그 내용이 어디서 비롯되었는지 되새겨보십시오. 딸은 딸일 뿐 여러분 자신이 아니라는 것, 딸아이가 스스로 시행착오를 겪으면서 배울 수 있는 여지를 남겨두는 것, 딸아이 스스로 문제 해결책과 원하는 게 무엇인지를 찾을 수 있게 해주어야 한다는 것을 깨달아야 합니다.

부모의 다섯 가지 유형

『다시 성장하기』라는 훌륭한 책의 저자인 진 아일리 클라크는 부모가 자녀에게 반응하는 방법 다섯 가지를 설명한 바 있습니다. 이것은 여러분과 딸 사이에 일어나는 일이 대체 어떤 것인가를 진단하는 도구가 될 수 있습니다. 대부분이 '엄격한 보살핌형'이라고 불리는 유형에 속합니다. 그 외 다른 유형들과의 비교를 통해서 자신이 잘못하고 있는 점들을 쉽게 발견하고, 하지 말아야 하는 것들에 대한 조언을 얻을 수 있습니다.

아버지로서의 경험에서 말하자면 처음 이 부모 유형을 접했을 때, 저의 경우 여러 가지 스타일이 혼합되어 있다는 것을 발견했습니다. 그것은 여러 가지 측면으로 제 자신에 대해 생각하게 했습니다.

> 중요하게 짚고 넘어가야 할 것은, 여기 언급된 모든 얘기가 오로지 모녀간에만 적용되는 것이 아니라는 점이다. 단지 같은 여성이기에 좀더 복잡한 감정들이 첨가된다는 얘기이다. 자녀를 통해 엄마 자신의 모습을 비추어 보는 거울효과를 가져올 수 있다. 더구나 자녀양육의 많은 부분을 대체로 어머니들이 떠맡고 있는 실정이다. 어머니와 딸 사이의 관계가 더 잘 알려져 있는 이유는, 그들이 자신들에 관해 더 자주 더 확실하게 표현하는 경향이 있기 때문이다. 그리고 대부분의 어머니들은 변화를 원하며 변화할 준비도 되어 있다.

이제의 다섯 가지 유형들을 자주 일어나는 일상적인 상황으로 설명하겠습니다. 여섯 살 난 혜림이는 공원에서 뛰어놀다가 넘어졌습니다. 아이는 팔이 심하게 긁혀 울면서 엄마에게 옵니다.

이때 혜림이 엄마가 보일 수 있는 여러 반응들입니다.

분노형

엄마는 친구와 얘기하느라 바쁩니다. 아이를 향해 돌아서자마자 "그만 징징거리지 못해! 안 그럼 엄마가 아주 따끔하게 혼내줄 거야!" 하고 소리부터 지르고는 딸의 팔을 잡고 집으로 갑니다.

이때 엄마가 보내는 메시지는 '너는 내 안중에 없어' 입니다.

아이는 깊은 고통과 절망 혹은 분노나 외로움, 위축감을 느끼게 됩니다. 그런데도 엄마는 도대체 왜 그렇게 하는 걸까요? 누구에게나 화가 치밀어오를 때가 있기 마련이지만, 앞뒤 구별 없이 솔직하게 내뱉어버린다면 화가 날 때마다 욕설을 퍼붓게 될 것입니다. 이 엄마가 하는 말은 자신의 욕구불만이나 좌절감이 너무 쌓인 상태에서 딸을 경쟁자로 여기는 데서 나오는 반응입니다.

이런 유형의 경우, 자녀양육에 대해 장기적인 도움이 필요합니다. 그래서 감정의 연료 탱크를 채우고 자기 자신이 겪었던 어린 시절의 상처를 치유하도록 하면서 딸을 더 따뜻하게 보살필 수 있게 해야 합니다.

조건형

이 유형의 엄마는 "울음을 그치지 않으면 반창고 안 붙여줄 거야. 도대체 왜 이랬니?"라고 말합니다. 엄마는 으름장과 조건으로 아이와 맺어져 있습니다. 아이는 부모의 기대를 충족시켜야만 자신이 필요한 것을 받게 됩니다. 이 엄마의 메시지는 '무조건 널 사랑할 거라고 기대하지 마라. 너는 네 할 일을 해야만 사랑을 받게 돼' 입니다.

딸에게 이런 메시지를 보내는 이유는 그것이 바로 그녀가 자신을 보는 방식이기 때문입니다. 이 유형의 부모는 대개 깔끔하고 융통성이 없으며 자기 자신은 물론 주위 사람들한테도 기준치 이상으로 높은 수준이 될 것을 요구합니다. 아이에게도 마찬가지이며, 특히 아이가 같은 여성인 딸일 경우에 그와 같은 메시지를 줍니다.

아이는 자신은 결코 부모의 기대를 채울 수 없다고, 자신은 부족하다고 느낍니다. 완벽한 사람은 아무도 없는데도 말이죠. 또한 강박관념을 가지며 지나친 성취욕을 보이고 때로는 거식증에다 대인관계에 많은 문제를 겪을 것입니다. 그 아이가 어른이 되면, 아주 그럴듯해 보이지만 오래 가지 못하는 결혼을 여러 번 하게 될 것입니다.

조건형인 부모는 느슨한 마음과 여유를 가질 필요가 있습니다. 단지 존재하고 있다는 것만으로도 인정하고 사랑하는 것을 자녀와 자기 자신 모두를 위해 배워야 합니다. 옷차림이나 외모, 돈과 성공에 관해 지나친 걱정을 떨쳐버려야 합니다. 낙천적이고 쾌활한 친구를 사귈 필요가 있으며, 그런 사고방식을 배워야 합니다. 이런 것들을 익혀야만 사랑은 대가 없이 그냥 주고받는 것임을, 애써 얻어야 하는 것이 아님을 받아들일 수 있게 됩니다. 그런 후에 같은 것을 아이에게도 가르칠 수 있게 되지요.

천사형

엄마는 아이가 일어서기도 전에 달려갑니다. "어머 어떡하면 좋으니. 어디 네 팔 좀 보자, 많이 아프지? 자 엄마가 우선 붕대로 감아줄게, 그리고 같이 약국에 가서 소독약이랑 연고를 사야겠다. 누워 있어야겠네, TV 옆의 소파에다 자리를 만들어줄게. 해야 될 거 있어? 엄마한테 줘. 엄마가 다 해줄게."

언뜻 굉장히 친절한 엄마같이 생각됩니다. 그러나 깊은 곳의 메시지는 '너는 불쌍한 희생자야. 너 혼자서는 아무것도 제대로 못해. 엄마가 널 돌봐줘야 해'입니다. 뿐만 아니라 더 깊은 이면에는 '우리 둘 다 욕구가 있지만 원하는 바를 동시에 충족할 수는 없어. 내가 너의 응석을 이렇게 다 받아주니까 넌 나에게 빚을 진 거야'라는 암시가 숨어 있습니다. 뭔가 짐작되는 게 있으신가요?

아이는 여러 가지가 뒤섞인 감정을 갖게 될 겁니다. 엄마의 따스함과 친절에 일시적인 포근함을 느끼겠지만, 엄마의 말과 태도에 깔린 메시지에 의무감도 느낄 것입니다. 부모가 달려옴으로써 힘을 얻고 용기를 얻는 게 아니라, 나약해지고 혼란을 느낄 것입니다. 진 아일리 클라크는 이를 일컬어 '끈끈하고 생색을 내는 사랑'이라고 부르고, 아이의 의존심을 키우고 흐릿한 자아를 만든다고 했습니다.

이 엄마에게는 강한 자아가 필요합니다. 아마도 그 엄마는 알코올 중독이나 무능한 부모로 인해 빨리 어른이 되는 법을 배워야 했을지도 모릅니다. 또는 지금의 그녀 자신처럼 숨겨진 내면의 욕구를 감추기 위해 모든 응석을 다 받아주는 부모 밑에서 컸을 수도 있습니다. 이런 사람들은 상대의 욕구나 기대에 지레 불안해하고 전전긍긍하는 심리적 불안을 다룬 책들을 읽고, 또 같은 문제를 지닌 사람들의 모임에 나가면서 도움을 받을 수 있습니다.

방치형

엄마는 딸의 다친 상처를 무시합니다. 아예 놀이터에 나와 있지 않을 수도 있지요. 아이는 집에서 멀리 떨어진 곳에 보호자도 없이 나와 있고, 아무도 신경 써주지 않습니다. 이 아이는 부모가 먹여주고 입혀주는 것으로 끝입니다. 아이는 마음속 깊이 죽지 않으려면 홀로 살아남아야 한다는 걸 알고 있습니다. 계속 살아남기 위해서는 스스로 마음의 문을 닫고 모든 것에 거리를 두어야 하지요. 매우 경직되어 있고 온갖 분노나 실망을 마음속에 감춰둔 젊은이로 자라날 가능성이 높습니다. 때로 아이는 관심과 주목을 받기 위해 심각한 말썽을 일으키기도 합니다. 그래야만 보살핌을 받을 수 있을 테니까요. 이런 식으로 어른이 되면 친밀한 관계를 맺을 수 있는 능력이 거의 없으므로, 다른 사람들과 가까이 지낼 수 있으려면 이해심이 많은 선생님이나 전문기관의 도움을 받아야 합니다.

방치도 일종의 학대입니다. 어떻게 보면 최악의 학대라고도 할 수 있죠. 독자 여러분이 우울해지기 전에 얼른 다음으로 넘어가는 게 낫겠습니다.

엄격한 보살핌형

엄마는 팔을 다친 어린 딸을 안아주고 사랑으로 돌봐줍니다. "팔에 상처가 생겼네, 아프겠구나. 자 엄마가 소독해줄게, 이제 좀 어떠니?"라고 말합니다.

아이는 자기 자신 및 자신의 마음까지 보살핌을 받고 있다는 것을 압니다. 엄마는 적극적인 도움을 주려고 합니다. 그러나 막무가내로 무조건 돕겠다는 것이 아니라 내가 널 도와주고 싶다고 말합니다. 아이는 포근함과 위안, 안정감, 자신이 신중하게 보호받고 있다는 느낌들을 받으며 자신이 사랑받고 있다는 것을 알게 됩니다.

이것을 거시적인 안목으로 보면, 또다른 무언가가 더 있습니다.

이 유형의 엄마들은 자녀를 독립적인 사람으로 키웁니다. 아이가 약간 다쳤다거나 좀더 큰 나이라면 엄마는 아이 스스로 처리하게 둘 것이며, 다만 지켜봐줄 것입니다. "많이 아프니? 혼자 가서 씻을 수 있겠어? 아니면 엄마가 도와줄까?" 하고 물어봅니다. 이 유형의 부모들은 자녀를 포옹할 줄 알지만, 지나치게 압박하는 스타일은 아닙니다. 이 부모들의 메시지는 '나는 네 스스로 알아서 할 수 있다고 믿는다' 입니다.

이 엄격한 보살핌형의 부모가 되는 것이야말로 모든 부모가 목표로 삼아야 할 것입니다.

아버지와 딸

제가 부녀지간에 관해 얻은 경험 중 하나는 딸의 자존심 형성에 아버지의 임무가 막중하다는 것이었습니다. 아버지들은 특히 딸의 외모를 절대로 깎아내려서는 안 됩니다. 행여 장난이나 농담일지

장애아를 둔 경우

지금까지 쓴 가족에 관한 책 중 장애를 가진 자녀에 대한 것이 없다는 것이 늘 마음에 걸렸다. 강연을 나갈 때마다 온갖 종류의 문제나 장애아를 가진 부모들이 지푸라기를 잡는 심정으로 와 있곤 했다. 장애아동은 가족과 지역사회의 한 부분이며 그곳에 속할 권리를 가진다. 다른 어느 누구 못지 않게 그들은 우리 모두에게 긍정적인 존재이다.

나는 이에 관한 실제 경험이 없다는 사실에 대해 항상 답답하게 여겨왔다. 그래서 신문에 실린 어떤 아름다운 글을 발견하고는 무척 기뻤다. 그 글은 심각한 정신지체 장애를 가진 딸을 둔 어머니가 쓴 이야기였는데, 지금까지의 자기 딸의 인생에 대해 솔직하게 서술하고 있다.

그 글을 쓴 메리 버브리지는 남들처럼 자신의 가족도 행복할 때가 있고 우울할 때도 있다는 것을 말했다. 그러나 그녀가 모든 것을 극복해냈다는 것, 그리고 다른 부모들이 그에 관해 듣고 싶어하리라는 것은 분명하다. 이것은 어머니와 딸 사이의 매우 특별한 관계에 관한 본보기이기도 하다.

나의 딸, 나의 영원한 아기

제게는 사랑스러운 아기가 있습니다. 포근한 담요 위에서 자고 있다가 제가 다가가면 졸음에 겨운 미소를 짓는, 참을성 있고 평온한 아기입니다. 제 딸은 일어나 앉아서 행복하게 엉덩이를 들썩거리며 안아달라고 합니다. 저는 딸을 자리에서 일으킵니다. 제게 양쪽 손을 붙잡힌 채 기저귀를 갈기 위해 목욕탕으로 위태로운 걸음을 옮깁니다.

　딸아이는 뭐든지 즐거워하는 시기의 아기입니다. 제가 옷을 입혀주거나 벗겨주면 아주 좋아하고, 음식을 먹을 때 숟가락을 잡고 싶어하지만 온통 엉망으로 만들어놓지요. 가구를 잡고 움직이며 손에 닿는 건 뭐든지 잡아 내립니다.

　제 딸이 좋아하는 것들은 아주 많답니다. 음악도 좋아하고, 피아노를 마구 쿵쾅거리며 두들기기, 짝짜꿍과 곤지곤지 같은 놀이, 그리고 태엽을 감아주면 노래가 흘러나오는 오르골 등을 좋아합니다. 또 볕이 좋은 날 산책하는 것을 좋아하고, 길가에 핀 꽃을 꺾으려고 잡아당기기도 하고, 따뜻한 욕조나 풀에서 계속 물장구를 치면서 함박웃음을 터뜨리기도 합니다.

　저는 이 아기를 거의 20년간 돌봐왔고, 기적이 일어나지 않는 한 앞으로도 20년을 더 곁에 두고 보살피게 될 것입니다. 딸은 사랑스러운 생후 7개월에서 9개월 정도의 상태에 아주 오랫동안 머물러왔습니다. 뭔가 커다란 변화가 있을 거라고 생각하지는 않습니다.

　딸아이는 아직도 천진한 아기의 얼굴 그대로이며, 순결하고, 상실감이나 분노 따위에 상처입지 않은 채, 곱슬곱슬한 금발머리를 갖고 있습니다. 그러나 딸의 몸 속에 흐르는 것은 통통하고 가슴이 풍만하고 관능적이게 하는 젊은 여성의 호르몬입니다. 속상하게도 여드름이 제 아기의 예쁜 얼굴을 망치고 있습니다. 머리카락의 색깔이 조금 짙어지긴 했지만 아직까지는 가장 사랑스러운 부분입니다. 전 그 사랑스러운 곱슬머리에 대해 얼마나 자주 감사를 드렸는지요! 사람들은 이런 제 큰아기를 처음 만나면 어색해하면서 건넬 말을 찾느라 허둥거리다가는 항상 "머리카락이 너무 아름답네요!"라고 말하곤 합니다. 아름다운 건 사실이고, 그게 위안이 되기도 한답니다.

제가 아는 같은 처지의 사람들은 자신들의 '영원한 아기' 때문에 훨씬 더 고생하고 있습니다. 영원히 보채며 우는 아이가 있는가 하면 식탁 의자에 앉히기 위해 끔찍한 실랑이를 겪어야 하고, 움직일 때마다 경련을 일으키거나 고통스러워합니다. 아니면 모든 움직임이 전혀 통제되지 않아 스스로 멈추거나 움직임을 그만둘 수 없는 처지의 아이들. 그래서 매일 혹은 매년 강력한 성장 호르몬을 맞아야 하는 아이들도 있지요. 게다가 제 딸처럼 아름다운 곱슬머리와 같은 보상도 없어요.

그 친구들과는 특별한 놀이그룹에서 만났습니다. 그 놀이그룹은 아이에게 심각한 장애가 있는 젊은 엄마들을 위한 모임이었습니다. 우리는 아이들이 노는 것을 도와주면서 우리의 죄책감과 슬픔, 실망과 분노 등에 대해 얘기를 나누었습니다. 그리고 지금까지도 서로 연락을 하며 지내고 있지요. 장애아를 돌보는 것은 보통 아기를 돌보는 것 이상으로 엄청난 일입니다. 그러나 옆에 누군가가 있다면 기운을 차릴 수 있습니다.

저희 부부는 다른 아이들도 낳았고 적극적으로 살아왔습니다. 아이들이 탁아소에 다닐 때 시간제 일도 했고, 결혼생활은 아직도 건재하며 가족휴가도 다녀왔답니다.

우리는 '현장'에 관여하게 되어 우리 아이와 다른 장애인과 그 부모들이 가능한 최선의 서비스와 도움을 받을 수 있게 하는 일을 하고 있습니다.

학교위원회, 장애자 보호시설에 대한 회의, 각종 모임과 축제, 정치인과의 접촉, 집회, 시위, 교육—이 모든 걸 다 했으며, 그

과정을 하나하나 거치면서 많은 것을 배웠습니다. 우리의 장애 아들이 명목상의 성인이 되어감에 따라 또다른 결정이 내려져야 하고, 또다른 권리를 얻기 위한 투쟁에서 이겨야 합니다. 공공교육이 이들에게 해줄 수 있는 게 아무것도 없으므로, 적합한 활동을 마련해주기 위해서 애쓰고 있습니다. 장애를 가진 아이들이 부모 품을 떠나야 하는 때가 되면, 장기적인 보호가 가능하고 지내기에 적합한 시설이 마련될 수 있도록 노력하고 있습니다.

대부분의 경우, 사람들은 제게 사려깊고 협조적이었습니다. 장애아를 위한 서비스와 도움이 필요할 경우 그것을 받을 수 있었고 몇 년의 세월이 순조롭게 흘렀습니다.

그러나 그 동안에 받은 충격과 상처도 있었음을 부인할 수가 없네요. 철저하고 기계적이었던 한 전문치료사는 나이에 걸맞지 않는다는 이유로 제 딸의 장난감과 오르골을 휠체어에서 없애버렸습니다. (전 그것들을 대신해서 책과 체스판과 록음악 테이프를 주었지만 딸은 그것을 부수고 씹어서 형체도 알 수 없게 만들어버렸답니다.) 또 딸아이의 기침 때문에 병원에 갔을 때, "원하신다면 입원시킬 순 있습니다만 집에 데려가시는 게 나을 겁니다. 이런 애들은 여기선 최상의 치료를 받지 못하거든요"라고 잔인하도록 솔직하게 말하던 아동병원의 의사도 있었습니다. 그뿐인가요. 장애인 차량의 주차에 관한 법이 바뀌기 전의 얘기입니다만, 제가 가지고 있던 장애인 주차 스티커에 대해 다른 사람들이 보고 있는 데서 까다롭게 딱딱거리던 몹쓸 주차장 직원도 있었습니다.

딸을 대신해서 제가 어떤 결정을 내려야만 할 때, 전 딜레마에 빠집니다. 아이가 신체적으로 성숙해가면서 생리를 멈추게 하는 호르몬 주사를 맞으라는 권유를 받았고, 걱정스럽긴 했지만 그렇게 했습니다. 어쩌면 제 마음속에서는 그 주사가 신체적인 성숙을 막아주기를 원했던 것 같아요. 그러면 제 딸이 영원히 아기로 남아 있을 수 있으니까요. 그러나 그렇게 되지는 않았고, 1년 정도가 지난 후에는 그 주사를 맞히는 것을 그만두었습니다.

전 딸아이의 몸이 자라기도 전에 브래지어를 해줘야 하는지 말아야 할지를 생각해보곤 했습니다. 옷을 입힐 때도 딸애와 제게 편한 옷을 입히곤 했는데 이런 식으로 수없이 갈등을 하죠. 아무렇게나 편한 대로만 입히는 게 혹시 여성인 딸의 자존심을 무시하는 건 아닐까? 똑같은 인간으로서 딸아이의 가치를 내가 하찮게 여기는 건 아닐까? 그 아이의 여동생이 입는 것 같은 옷들을 입혀야 할까? 개성대로 입혀야 할까? 만약 딸이 자기가 입을 옷을 고를 수 있다면 뭘 입고 싶어할까? 하지만 그애에겐 패션이나 자존심에 대한 아무 생각도 없는데 그게 문제가 될까? 끝도 없는 생각들입니다. (장애아 문제에 관련해 일할 때, 아주 곤혹스러운 깨달음을 주었던 문제들입니다.)

수년 전만 하더라도, 제 딸아이 같은 장애아들은 어릴 때부터 보호시설이나 전문기관으로 보내졌습니다. 가벼운 장애가 있는 아이의 부모들도 집에서 키우지 말라는 충고를 듣곤 했습니다. "아이를 전문기관이나 시설에 맡겨요. 그리고 아예 그 아이를 잊는 거예요"라는 내용이었고, 실제로 많은 이들이 그 충고대로 했습니다.

최근에 저는 큰 규모의 어떤 보호시설에서 장애인들과 그 부모들, 장애아들을 돌보는 사람들을 위한 회합을 가졌습니다. 그곳에서 너무나도 놀랍고 감동적인 장면을 보게 되었어요. 그 시설에서 지내고 있는 장애인들은 삼십대였고 그들은 그 안에서만 20년 넘게 살아왔습니다. 그들이 매일 만나는 사람들은 직원들이었고, 그들이 온갖 수발을 다 들었지요. 부모들은 가끔씩 들를 뿐이었습니다. 하지만 그 부모들과 장애인인 자식 간의 감정이 여전히 강하게 연결되어 있다는 것을 깨닫고 저는 깊은 충격을 받았습니다.

그들은 부모 곁에 찰싹 붙어서는 눈도 떼지 않았고, 부모가 자기만 봐주기를 원했습니다. 흉한 모습으로 말을 못 하는 어느 여자 장애인은 안간힘을 써서 탁자 옆으로 넘어와서는 아버지의 무릎에 앉고 자기 얼굴을 아버지의 얼굴에 갖다대더군요. 저는 그 부모들이 애초부터 장애인 자녀를 집에 더 오래 데리고 있을 수 있도록 격려와 뒷받침이 없었다는 것에 대해 크나큰 슬픔을 느꼈습니다. 그들이 그렇게 안타깝게 나누는 사랑을 한껏 누려보지 못하는 것에 대해서요.

오늘날에는 장애아의 출생이 전보다 줄어들었습니다. 장애가 생기는 것을 방지하는 주사나 유전자 검사 등 발달된 의술 덕분입니다. 임신 초기에 태아의 이상이나 기형을 미리 감지해내는 특별한 검사 등을 통해 아이에게 이상이 있는 경우 중절을 선택할 수 있게 되었습니다. 기형임을 알고도 아기를 낳겠다고 결심하는 사람은 극소수에 지나지 않습니다. 이건 장애인이 없는 사회를 건설하겠다는 얘기가 되는데, 그것은 충분히 검토돼야만 하는 일입니다.

그렇게 되면, 우리 사회가 장애인들의 가치를 어떻게 평가해야 하며 그들의 생존권이나 도움을 요청할 수 있는 권리는 어떻게 되나요? 기형아임을 알고서도 아기를 낳는 가족들에 대해선 사회가 뒷받침을 해주지 않겠다는 것인가요? 사회가 완벽함만을 받아들이겠다면, 가벼운 장애나 기형을 가진 태아는 제거될 것인가요? 그렇다면 교통사고 등 예기치 못한 일로 장애인이 되었거나 출생 후에 장애인이 된 아기들은 어떻게 하란 말인가요?

제 친구 한 명은 임신 초기에 그런 검사를 받았습니다. 처음 임신했을 때 아기의 기형이 너무 심해서 중절을 받지 않으면 안 되었고, 이번에도 같은 일이 생길 수 있기 때문이었습니다. 검사 결과, 다운증후군이 발견되었고 이틀 후 중절수술을 받도록 조치가 이루어졌습니다.

그녀는 아이가 다운증후군이라는 게 무엇을 의미하는 것인지, 그녀가 중절 혹은 출산을 결심하는 데 고려해야 하는 것들은 무엇인지에 대해 아무런 상담이나 설명도 듣지 못했습니다! 사실 그녀로서는 무척 힘든 결정이었고, 가슴이 찢어지는 듯한 고통 속에서 자신의 상황으로는 장애아를 제대로 돌볼 수가 없다는 사실을 받아들였습니다. 그녀를 담당했던 의사가 보여준 장애에 대한 태도는 매우 실망스러운 것이었습니다.

제가 얘기하고 싶은 것은 이것입니다. 장애를 가지고 태어나는 아이는 항상 있습니다. 그리고 만약 당신에게 그 일이 닥칠 경우, 그 일이 당신과 아이 모두에게 세상이 끝난 것 같은 일은 아닙니다. 아기가 자라면서 무슨 일이 생길지는 어느 누구도 완벽하게 예견할 수 없습니다. 그리고 아이가 어떤 인생을 살아갈 것인지 아무도 확실하게 얘기할 수 없습니다.

> 　다만, 당신이 아기를 가졌을 때 미리 그려봤던 아기의 인생이 장애인의 삶은 아니었을 겁니다. 그러나 그것은 그 아기의 인생인 것입니다. 장애아인 자녀를 두게 되면 인생 자체에 대해 다시 생각해보게 됩니다. 과연 무엇을 위한 인생이며 소중한 것은 어떤 것인가, 중요한 것은 무엇인가? 그리고는 생각이 많이 바뀔 겁니다.
> 　당신의 인생도 꿈꾸어오던 것에서 벗어날 수 있습니다. 그러나 장애아를 둔 부모의 인생은 속이 단단하고 풍부한 인생입니다. 그리고 그 인생에도 수많은 즐거움이 있답니다.

라도 해서는 안 되는 일입니다. 어떤 아버지들은 친밀감을 높이기 위해 그런다고 말하기도 하지만, 그 결과는 보통 애초의 의도에서 완전히 벗어나게 됩니다.

　아버지들이 딸을 위해 할 수 있는 좋은 일들은 부지기수입니다. 칭찬할 수도 있고, 딸과 농담을 주고받으며 재치있게 대화하는 법을 길러줄 수도 있습니다. 명심해야 할 것은 딸아이들이 여러 단계를 거치며 변화하기 때문에 한때는 재미있는 농담거리가 얼마 지나지 않아서 민감한 화젯거리로 변해 꺼내지 않는 게 나을 수도 있다는 점입니다.

　아버지들은 또 이성과의 관계의 바탕이 됩니다. 심각한 문제를 놓고 아버지와 의견을 나눈다거나, 아버지로부터 외모 못지 않게 마음씨를 칭찬받으면서 딸들은 이성을 대하는 법을 배우게 됩니다. 즉 남자아이에게 먼저 말을 걸 줄도 알고, 자기가 받는 만큼 상대방에게도 나누어주는 법을 배우는 것이죠. 남자들이 허풍을

떤다거나 위협을 하더라도 잘 대처합니다. 또한 남자가 다가오길 가만히 앉아 기다리는 꽃이 되기보다는 원하는 상대를 골라서 선택하는 자신감을 갖게 될 것입니다.

더 가까이, 그러나 위험하지는 않게

아버지가 딸에게 성적인 침해를 가하는 경우도 매우 드물긴 하지만 일어나고 있다. 아버지가 딸을 해치지 않으면서 애정을 쏟고 따뜻하게 대하는 일은 가능하다. 굳이 과민해질 필요는 없지만, 성적인 접촉과 아버지로서의 애정이 담긴 접촉은 확연하게 다른 일이다.

부부 사이가 좋은 것도 딸의 성장에 도움이 된다. 딸은 남자와 여자가 서로 존중하면서 유대관계를 형성하는 것을 부모를 통해 보게 된다. 부부가 서로 사이좋게 지내면 딸은 불안이나 위험을 느끼지 않는다. 부부가 충돌하게 될 경우 딸을 자기 편으로 끌어들이지 말 것. 부부 사이의 문제는 당사자들이 일대일로 풀어야 한다.

이성간에 맺는 관계의 근본은 존중이며, 아버지는 그 모범을 보여줄 수가 있다. 아버지가 딸을, 그리고 아내를 존중하면 그녀는 다른 남자들에게도 자기를 존중해줄 것을 요구하게 된다. 아버지가 딸을 깎아내리면 그녀는 다른 남자들이 자기를 업신여기고 헐뜯어도 당연한 것으로 여기고 그냥 둘 것이다. 존중은 거창한 것이 아니라 그냥 평상시의 예의를 조금 확대시키면 된다. 예를 들면 딸의 방에 들어갈 때 딸의 허락을 구함으로써 딸의 프라이버시를 지키고 싶은 욕구를 존중해주는 것이다.

딸이 자기 자신을 신뢰하도록 만들어주기

아버지는 딸이 자주적인 여성이 되도록 몇 가지 방법들을 가르칠 수 있습니다. 차에 대해 가르치거나 물건을 수리하는 법, 전기나 돈 관리, 등산이나 캠핑 등을 가르침으로써 거친 세상 속에서 남에게 의지할 필요없이 스스로 할 수 있음을 알게 하는 것입니다.

최근 한 기사를 보니 코미디언 진 킷슨(오스트레일리아의 유명한 여자 코미디언—옮긴이)은 '소년들은 차를 가지고, 소녀들은 남자친구를 가지는' 조그만 소도시에서 자랐다고 합니다. 그녀는 남자친구 대신 차를 가지기로 결심했고, 부모의 도움으로 조그만 마을을 벗어나 대도시로 진출했습니다. 바로 그곳에서 누군가의 장식품이 되는 대신 화려한 성공을 얻었던 것입니다!

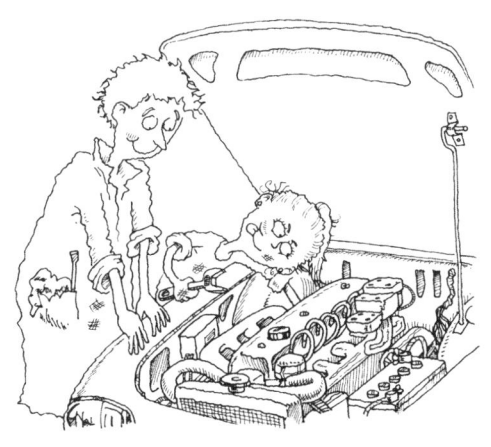

8 가족자유주의

 지금까지 많은 주제를 다루었는데, 마지막으로 하나의 비전을 나누고자 합니다. 그것은 우리의 가정을 뛰어넘는 큰 이상(理想)이지만 가정에서 일어나는 모든 일에 적용됩니다. 가족 내부에서 뭔가 새로운 일이 시작되고 있습니다. 이 새로운 일은 우리가 살고 있는 이 세계를 우리 손으로 변화시킬 수 있다는 것을 뜻합니다. 남에게 맡기지 않고 말입니다.

이제는 달라져야 할 때

부모들은 정치적으로 심각하게 목소리를 높인 적이 없습니다. 아마 어린 자녀들과 씨름하느라 그럴 겨를이 없었기 때문이겠지요. 부모들은 기껏해야 3,4년에 한 번씩 투표소에 가는 정도였습니다. 그러나 모든 것들은 쏜살같은 속도로 변하고 있습니다.

부모들은 분노한다

우리가 사는 세상을 정치가들과 행정가들에게 맡긴 결과 우리에게 남은 것은 무엇인가요?

환경은 심하게 오염되어 후손들에게 그 피해를 물려주게 되었습니다. 대기오염으로 인해 오스트레일리아 어린이 5명 중 2명이 천식을 앓고 있습니다. 화학물질들이 일으키는 알레르기나 부작용은 말할 것도 없지요. 심지어 햇볕까지 위험해졌습니다. 오존층의 파괴로 너무나 많은 자외선이 내리쬐고 있으니까요.

또한 불평등한 사회와 가족이 해체되는 문제, 무분별하게 폭력을 보여주는 각종 매체들로 인해 세상엔 폭력이 난무하고 있습니다.

우리의 경제사정은 남성과 이제 막 사회에 진출한 젊은이들에게 만족스러운 일자리를 제공하지 못하는 대신, 자신이 하는 일과 낮은 임금에 무신경한 젊은 엄마들을 고용하고 있습니다.

정치분야에서는 유권자들을 안심시키는 획기적인 정책 대신 천

편일률적인 것들을 제시하고 있습니다. 경제를 그 어떤 것보다 최우선시하고, 전문직업을 가진 도시 거주자들만을 고려하거나 금전적인 이익만을 노리는 것들뿐입니다.

새로운 연합군

오늘날 가족문제에 대한 해결책 없이 좌절로 이어지다가 새로운 움직임이 일어나기 시작했습니다. 이 새로운 물결을 주도하고 있는 연합군은 주변 어디에서나 볼 수 있습니다. 더구나 그 연합군은 진보적이고 전문직에 종사하는 환경주의자에서부터 가족과 사회의 안정을 중요하게 여기는 보수주의자에 이르기까지 사회 각층의 구성원들로 이루어지고 있습니다.

이 움직임은 아직도 남아 있는 구태의연한 것들을 타파하는 일에 멋지게 앞장서고 있습니다. 강연을 위해 오스트레일리아 전역을 돌아다니는 동안, 저는 책임감이 강하고 열심히 일하는 '자유주의자'들을 보았습니다. 그 옆으로는 강직한 신앙인들—자녀를 껴안을 줄 알고 때리지 않으며, 네슬레를 보이콧하고, 국제사면위원회에 가입한 사람들이 나란히 함께 있습니다! 자녀와 가족을 지키려는 사람들이 이제 팔을 걷어붙이고 자신들의 이념에 상관없이 함께 나선 것입니다.

앞으로의 길

점점 더 많은 부모들이 마음의 평온과 인정이 넘치고 자유로운 정신이 충만한 행복한 세상을 만들기 위해 노력하고 있다고 믿습니다.

실제로 부모들의 힘이 결집되고 있는 것을 지나치게 낙관적으로 바라보는 것은 아닙니다. 그 움직임은 환경운동과 연계되리라고 예상하는데, 부모와 아이들은 자연스럽게 환경 친화적이 되는 성향을 보이기 때문입니다. 또한 페미니즘과 남성운동도 포함될 것이라고 봅니다. 부모들은 미래의 남성과 여성들, 즉 자신의 아들과 딸 모두가 더 나은 세상에서 살아가기를 원하기 때문입니다. 그리고 그 일은 결국 모든 인간관계를 성장시킬 수 있도록 영향을 줄 것입니다. 결론적으로 이 모든 것들이 결국 21세기를 어떤 모습으로 만들지를 결정하는 요인이 될 것입니다.

다음은 마지막으로 제가 독자 여러분께 제시하고 싶은 선언입니다.

8. 가족자유주의 233

가족자유주의의 활동을 이끄는 신념들을 선언하며

1. 우리들의 자녀를 건강하고 행복한 아이로 키우는 것보다 더 중요한 것은 없다.

2. 아무도 혼자서 아이를 키워서는 안 된다. 우리 모두는 서로의 도움이 필요하다.

3. 특히 부모에게 필요한 것을 매우 진지하게 받아들이고, 그 필요를 재정적으로 뒷받침해주는 사회가 필요하다. 그 대가로 우리는 건강하고 사회에 기여할 수 있는 성인들을 사회에 선물한다.

4. 아이를 위험으로부터 보호하는 최선의 방법은 그 부모를 돌보는 것이다.

5. 해야 할 일이 지나치게 많은 우리 아이들이 그 압박으로부터 벗어나게 하는 최선의 방법은 우리 자신부터 거기서 벗어나는 것이다.

6. 부모들은 자녀 앞에서 담배를 피우지 않고, 안전벨트를 채우며, 학대로부터 보호할 의무가 있다. 자녀는 결코 소유물이 아니다.

7. 우리는 자녀들에게 아이다움을 누릴 수 있는 유년기를 가능한 한 오랫동안 누릴 수 있게 해주어야 한다.

8. 우리는 아이와 어른 사이의 긍정적인 접촉을 늘리기 위해 노력해야 한다. 그것은 아이들을 더이상 때리지 않고, 아동 성희롱과 싸우며, 사람들에게 그들의 자녀와 더 나은 방법으로 연결되는 방법을 보여주는 것을 의미한다.

9. 우리는 젊은 세대의 정신적 스승이 되어, 적극적으로 젊은

부모들을 돕고 다른 사람들의 자녀를 돌봐주어야 한다. 그리하여 아이들이 과중한 부담을 안고 있는 핵가족으로부터 벗어나 우리가 오랫동안 잃어버렸던 진짜 공동체에서 자랄 수 있도록 해야 한다.

10. 우리는 우리의 일터를 가족 지향적인 곳으로 만들어야 한다. 그곳은 아버지나 어머니가 가정을 포기하는 대신 직장을 선택하게 만드는 곳이 아니라, 가족의 필요에 따라 일을 조절할 수 있고 그것이 규정에 의해 보장된 곳이어야 한다.

11. 가족의 개념은 사회 구성원 모두를 포함할 수 있게 확대되어야 한다. 독신자, 동성애자, 아이를 갖지 않는 부부, 이혼한 부부, 노인들, 범죄자, 난민, 사업가, 방황하는 청소년들에 이르기까지 모든 사람들을 포괄할 수 있도록!

우리는 서로 껴안고 모두가 "우리 집에 오신 걸 환영합니다!"라고 즐거이 외칠 수 있어야 한다.

감사의 말

 필리퍼 샌덜과 캐롤린 월시, 두 분은 처음부터 이 책의 발간을 도와주신 분들입니다. 로빈 프리먼은 이 책을 발간하는 데 너무나 큰 도움을 주었습니다. 캐롤린 레슬리의 인내에도 감사드립니다. 디자인 작업을 해준 로어 포이, 삽화를 그려준 폴 스태니시, 멋진 표지를 만들어준 스티브 밀러에게도 감사드립니다.
 종종 남성의 시각으로 기울어지는 제 글의 균형을 바로잡아준 아내 샤론에게는 빚이 많습니다. 아내는 탁아시설 문제를 언급하고 아이들에게 체벌을 하지 말자고 제안한 장본인입니다. 그녀는 아이들로 하여금 '서서 생각하기'나 '대화'를 하게 하는 데 일가견이 있을 뿐 아니라, 수많은 부모들에게 이 개념들을 가르쳤습니다. 저희 아들과 딸을 키우며 저희도 많은 것을 배웠습니다. 그리고 어느 가족이나 마찬가지겠지만, 많은 분들이 저희 가족을 도와주었습니다.

커스티 코크번의 글을 인용하게 허락해준 ITA 잡지사, 보브 멀린의 저서 『꼭 엄마가 있어야 되나요?』를 인용하게 허락해준 복스트리 사, 『그 달콤한 슬픔』을 인용하게 해준 로즈마리 레버, 『아이 길들이기』를 인용하게 해준 크리스토퍼 그린, 칼 진마이스터의 글 「탁아시설의 진상」을 인용하게 해준 리더스 다이제스트 사, 『오스트레일리아 가정의 어린이들』을 인용하게 해준 오스트레일리아 가족연구학회와 저자인 게이 오킬트리, 「나의 딸, 나의 영원한 아기」를 인용하게 해준 메리 버브리지와 멜버른의 에이지 신문사에도 감사드립니다. 에이지 신문사는 '부모수당'에 관한 사설의 인용도 허락해주었습니다. 벤자민 스포크 박사의 명언과 일하는 엄마들에 관한 기사를 인용하게 해준 호바트의 머큐리 신문사에도 감사드립니다. 그리고 멜버른의 큐 지역에 있는 유아발달연구소 도서관에도 감사드립니다.

아이에게 행복을 주는 비결 2

1판 1쇄 | 1999년 11월 30일
1판 28쇄 | 2025년 11월 1일

지 은 이 | 스티브 비덜프
옮 긴 이 | 전순영
펴 낸 이 | 김정순
펴 낸 곳 | (주)북하우스 퍼블리셔스
출판등록 | 1997년 9월 23일 제406-2003-055호

주　　소 | 04043 서울시 마포구 양화로 12길 16-9(서교동 북앤빌딩)
전자메일 | editor@bookhouse.co.kr
홈페이지 | www.bookhouse.co.kr
전화번호 | 02-3144-3123
팩　　스 | 02-3144-3121

ISBN 978-89-87871-27-1 03180